【四川大学博物馆藏品集萃】

皮影 卷

PIYING JUAN

陈长虹　编著

霍大清　摄影

四川大学出版社

责任编辑：何　静
责任校对：周　颖
封面设计：墨创文化
责任印制：王　炜

图书在版编目(CIP)数据

四川大学博物馆藏品集萃. 皮影卷 / 陈长虹编著；
霍大清摄影. —2 版. —成都：四川大学出版社，
2019.9
　　ISBN 978-7-5690-3081-5

　　Ⅰ.①四…　Ⅱ.①陈…②霍…　Ⅲ.①四川大学-博
物馆-历史文物-图录②皮影-文物-中国-图录
Ⅳ.①K870.2②K879.92

　　中国版本图书馆 CIP 数据核字（2019）第 200083 号

书名　**四川大学博物馆藏品集萃·皮影卷**

编　著	陈长虹	
摄　影	霍大清	
出　版	四川大学出版社	
地　址	成都市一环路南一段 24 号 (610065)	
发　行	四川大学出版社	
书　号	ISBN 978-7-5690-3081-5	
印　刷	四川盛图彩色印刷有限公司	
成品尺寸	210 mm×260 mm	
印　张	16.25	
字　数	501 千字	
版　次	2019 年 10 月第 2 版	
印　次	2019 年 10 月第 1 次印刷	
定　价	210.00 元	

◆读者邮购本书,请与本社发行科联系。
　电话:(028)85408408/(028)85401670/
　(028)85408023　邮政编码:610065
◆本社图书如有印装质量问题,请
　寄回出版社调换。
◆网址:http://www.scup.cn

丛书总序

霍 巍　四川大学博物馆馆长

　　四川大学博物馆的前身为建立于1914年的华西协合大学古物博物馆，是博物馆从西方传入中国之后，中国早期建立的博物馆之一，也是中国高校中第一座博物馆，拥有悠久的历史和丰富的馆藏文物，在中国博物馆事业发展史上具有重要的历史地位。

　　四川大学博物馆现收藏文物5万余套、8万多件，门类包括书画、陶瓷、钱币、刺绣、民族民俗文物等，不仅是教学、科研的重要实物资料，也是学校建设和社会服务的重要文化资源。在四川大学博物馆建馆一百周年和四川大学建校一百二十周年之际，我们组织馆内专业人员编写了这套"四川大学博物馆藏品集萃"丛书，旨在通过系统的分类介绍与研究，深入浅出，用生动通俗的文字配以精美的文物图片，向广大读者展示馆藏文物精品的历史价值、艺术价值和科学研究价值。

　　入选本套丛书的馆藏文物，许多都是同类一级文物，其中有我们国宝级文物。已川紧紧着不同历史时代丰富的信息，从不同的侧面映射出中华传统文化的神韵，也反映出中国西南地区独特的地域文化。特别值得指出的是，华西协合大学古物博物馆的创办者和管理者大名具训练有素、视野开阔的专家学者，他们在征集、收藏此些文物的同时，亦当地也升展了相关的科学调查与研究工作，对其文化历史背景有着深刻的认识和理解。例如，本馆所藏20世纪30年代四川广汉三星堆遗址的玉石器，就是经过科学的考古发掘出土的，不仅有完整的田野考古发掘记录，而且还经过葛维汉（D.C.Graham）（时任华西协合大学古物博物馆馆长）、郑德坤等海内外著名学者的初步研究，为20世纪80年代三星堆考古的重大发现提供了宝贵的线索。三星堆的早期考古工作，被郭沫若先生誉为"华西考古的先锋"。又如，本馆所藏成都皮影精品，来自清末民初一个名叫"春乐图"的皮影戏班。独具眼光的前辈们不仅收藏了这个戏班珍贵的皮影，同时还将制作皮影的全套工具、数百份皮影戏唱本悉数加以征集，形成可供后世进行系统科学研究的成都皮影藏品系列，其价值自然远在单件皮影之上。类似这样的例子还有很多。正是基于这样深厚的学术背景，本馆的各类文物的收藏就某种意义而言见证了我国西南地区历史学、考古学、民族学、民俗学、艺术史等多个学科早期发展的历程，也见证了四川大学这所百年名校对于构建中国现代学术体系所做出的卓越贡献。

本套丛书的撰著者均为四川大学培养的考古学、文物学、博物馆学和艺术史等学科的中青年学者，他们对母校和博物馆怀有深厚的感情，接受过良好的专业训练，术业各有专攻。这套丛书的编写，既是他们献给百年馆庆最好的一份礼物，也是博物馆为四川大学一百二十周年校庆献上的一份厚礼。我深信，通过这套丛书，读者不仅可以"透物见人"，回顾四川大学博物馆这座百年名馆的光辉历史，而且可以在我们的导引下步入这座号称"古来华西第一馆"的庄严殿堂，感知其深厚的文化积淀和灿烂的时代风采，感受一个充满前贤智慧结晶的奇妙世界，体验一次令您终生难忘的博物馆之旅。

是为序。

目录

四川大学博物馆藏品集萃

皮影卷

四川大学博物馆藏品集萃

皮影卷

目录

概
述
GAISHU

"一帘灯影唱高楼，宛转歌喉度曲幽。阿堵传来神毕肖，果然皮里有春秋。"影戏，是用各种影偶来表演故事的戏曲。演出时，用灯光把影偶照射在影幕上，艺人在幕后一边操纵影偶，一边说话、演唱，并辅以器乐伴奏。影戏是偶戏的一种。同世界各国曾经普遍存在过的各种木偶戏一样，出场的主角是没有生命的傀儡，他们的命运由藏在幕后的艺人掌控。作为一种综合性的民间艺术，影戏集民间绘画、雕刻、音乐、歌唱、舞蹈、表演等多种艺术形式于一体，历来都是与文人雅士欣赏的由人表演的"大戏"对峙发展的小戏。影戏曾广泛见于东方各国，中国由于影戏起源最早、形象最美、演技最奇妙，而被誉为"影戏的故乡"。

一、中国影戏溯源

中国影戏最早定型于何时今已难考，然而弄影之术始自汉代却是无疑。班固《汉书·外戚传》云：

李夫人少而蚤卒，上思念李夫人不已，方士齐人少翁言能致其神，乃夜张灯烛，设帷帐，陈酒肉，而令上居他帐，遥望见好女如李夫人之貌……为作诗曰：是邪，非邪！立而望之，偏何姗姗其来迟！①

汉代方术兴盛，弄影还魂术初始多为术士掌握。历史迁延，情随事化，至唐、五代时期，弄影术似乎已和方术脱离，被普通老百姓运用于日常娱乐中。中唐诗人元稹有《灯影》诗云："洛阳昼夜无车马，漫挂红纱满树头。见说平时灯影里，玄宗潜伴太真游。"唐末入蜀的花间词人韦庄忆及儿时游戏云："晓傍柳阴骑竹马，夜隈灯影弄先生。"此两处"灯影"，虽与清代末年成都地区流行的皮影戏名称暗合，然而其"弄"的方式究竟如何，是否已经具备后世成熟戏剧必备的多项要素，研究者今天还不能作出清晰的解释。有唐一代是否已有弄影戏剧，仍是聚讼纷纭。到了宋代，影戏的相关记载开始随处可见。北宋高承《事物纪原》云："宋朝仁宗时，市人有能谈三国事者，或采其说，加缘饰，作影人，始为魏、吴、蜀三分战争之像。"②南宋成书的《梦粱录》里，作者吴自牧明确将影戏归入"百戏伎艺"条。其文谈及当时已经以羊皮作为

刻影材料："初以素纸雕镞，自后人巧工精，以羊皮雕形，用以彩色妆饰，不致损坏。"工匠雕刻影偶时已经注意到将人物善恶寓于面目："公忠者雕以正貌，奸邪者刻以丑形。"弄影戏的艺人技巧娴熟："熟于摆布，立讲无差。"影戏演出所用的话本，"与讲史书者颇同，大抵真假相半。"③由此可见，在宋代，影戏已经跨入了戏剧的行列，作为一门独立的艺术走进了人们的生活。

宋代影戏名类纷繁，见诸笔记小说，有手影戏、纸影戏、皮影戏、羊皮影戏、灯影戏等，与后世无差。另有所谓大影戏、小影戏、乔影戏等名目，其演出状况究竟如何，今人只能臆测。北宋市民文化兴盛，影戏表演场所常为坊间瓦舍。孟元老《东京梦华录》记载："丁仪、瘦吉等，弄乔影戏……不以风雨寒暑，诸棚看人，日日如是。"逢节庆之日，"每一坊巷口，无乐棚去处，多设小影戏棚子。"④宋室南迁后，皮影戏随之入临安。烟雨楼台，百戏争胜，技艺愈趋繁复精巧。周密《武林旧事》卷三"社会"条中提到杭城弄影人，有姓名者包括贾震、贾雄、尚保义等二十二位之多。

元代影戏湮没不彰，相关文字寥若晨星，然20世纪50年代山西孝义县出土元代古墓，墓道口壁画上有纸窗人影，且有"乐影传家，共守其职"字样，有力地证明了民间影戏世家的存在。1980年在

① 《汉书》，中华书局点校本，第12册，第3952页。
② 高承：《事物纪原》卷九，影印文渊阁《四库全书》，第920册，第256页。
③ 孟元老等：《东京梦华录》（外四种），第311页，上海古典文学出版社，1956年。
④ 孟元老等：《东京梦华录》（外四种），第30页，上海古典文学出版社，1956年。

山西省孝义县榆树坪村发现的金正隆元年（1156）墓葬中有皮影头像壁画，山西省繁峙县岩山寺文殊殿金大定七年（1167）壁画中有一幅儿童弄影戏图，是金代影戏流传到北方边远地区的明证。也正是在13世纪，随着成吉思汗的西征，中国的影戏随着政治、军事势力的扩张，被带到了波斯、阿拉伯、土耳其等地。

明清两代是中国影戏广泛交流、繁荣发展的时期。广袤的中华大地上，北起黑龙江，南到广东，西至青海，东到浙江海宁，都有皮影戏。从总的发展趋势来看，此时影戏的说唱色彩已逐渐淡化，影卷格式逐步定型，戏剧体制更加完备。由于各地都有文人参与影戏剧本的创作，影戏的艺术水平得以不断提升。在各地流行的地方剧种的影响下，影戏唱腔、影人造型逐渐形成非常鲜明的地域风格。清代以后，中国影戏逐渐定型为南、北两大流派。北派又分滦州影系、秦晋影系、山东影系等，以滦州影系为代表；南派包括杭州影系、川滇鄂影系、湘赣影系和潮州影系，以四川影系为魁首。

二、成都灯影戏

川人俗呼皮影戏为"灯影儿"。四川皮影戏有川北皮影和成都灯影两种类型。据江玉祥先生考证，川北皮影（又称川北土灯影）最晚形成于清代康熙年间。大约到咸丰时期，川西地区的民间艺人在川北土灯影的基础上，吸取了陕西渭南影子精雕细刻的优点，创作出独具特色的成都灯影。

清代咸丰、同治年间，成都灯影戏极盛，全城同时有过四十几个灯影戏班子，每夜都有几处影戏当街表演，来往行人随时可以立在街边观看。到清代末年，成都玉沙路、劝业场、青羊宫等地开设了几个专门演唱灯影戏的戏园子。这种类似于茶馆的戏园子场地宽敞，每座票价连同茶钱在内只需一角钱，既可以过戏瘾，又能休闲小憩，故受到社会各阶层的普遍欢迎。影戏园在当时极度风靡，用辈出，甚至出了不少川剧名伶。除了茶馆术的戏园了，堂会唱影也很盛行。应演一个晚上的影戏，约需出价三千文，唱整晚则费用加倍，比雇请川戏班便宜很多。于是遇到寿庆喜事，中等人家请不起大戏，或图省事想在家中庆贺的，就用影戏来酬娱宾客。社团办庙会时如果资金欠缺，往往也以影剧酬神，这成为当时成都娱乐场中的一大特色。

由于演出方便，费用低廉，灯影戏在乡村更为普遍。民国早期，川西地区几乎每一个县份都有灯影戏班子。与城市演出场所的商业化、专门化、娱乐化相比，乡间皮影戏的巫术性质和宗教功能非常突出。乡村神会很多，每遇迎神赛会，乡人必以观皮影戏为乐，以至于祈田祖、除蟊贼有秧苗戏，病愈酬神有还愿戏。农历八月二日和二月二日是社公、社母诞辰纪念日，乡间多兴土地会，亦演灯影戏酬神，表达春种秋收的喜悦。明末清初张仁熙在《皮人曲》中描述四川广济一带的农夫在田间唱影戏驱除蝗害："年年六月田夫忙，田塍草土设戏场。田多场小大如掌，隔纸皮人来徜徉。"离乱动荡的清末社会，田埂谷场，几根竹棍，一张麻布，几面锣，光影中演绎的悲欢离合，每每使乱世人心稍得慰藉。

民国后期，成都灯影戏逐渐凋落。成都复兴书局1940年出版周止颖编《新成都》一书，对当时成都灯影戏的现状做了较详细的描述：

影儿戏历史悠久，起源亦比皮影时早。其质以牛皮雕成各种人物，用白麻布做档子，锣鼓及唱法均与川戏无异。惟近10余年，因受电影影响，兼本身不改良，已不堪闻问。操此业者，现仅有一硕果，仅存之唐焕廷，但年岁已达八十余，生活维艰，每日两餐，均靠徒众维持。月前忠烈祠西街润德茶园，曾演唱灯影，但不久又告歇业，可见此种玩意已不合时代需要。偶在附近城边庙宇因祈神还愿，可以见着此类灯影之演出，但看者亦若早晨之星，寥寥无几耳。[1]

①转引自江玉祥：《中国影戏》，第109页，四川人民出版社，1992年。

成都灯影，被誉为"全世界最复杂的皮影"，虽然起步较晚，然而川人心思巧密奇诡，施之于影戏，迅速成就了自己独特的风格。清末遗老，贵州籍的周洵在《芙蓉话旧录》中谈及，"灯影戏各省多有，然无如成都之精备者"。近现代著名教育家黄炎培1936年到四川考察乡村建设运动，曾写下《蜀游百绝句》，其中盛赞蜀地皮影云："滦州剪纸忆分明，西蜀镂皮制更精。"

成都灯影戏的独特风貌，概括言之，有如下三点：

1.影偶较大，分段复杂；操纵灵活，表演细腻

中国南派影系多用牛皮，此乃就地取材，方便之故。牛皮质坚耐磨，然较驴皮厚，不易走刀，刻制影偶易粗难精。成都灯影虽然也以黄牛皮为原料，却成就了南派影系中最精致的一路。影偶身高多达60~80厘米，身形普遍比北方影偶大一倍有余，是典型的"大皮影"。身体比例接近中国传统人物画法的"立七、坐三、盘五"的原则，影幕形象比较真实。影偶全身关节数居全国各地影偶之最，多达14个：帽、头、胸、腹、下肢（一双）、上臂（一双）、前臂（一双）、手掌（一双）、手指（一双）。帽插在头上，头插进脖颈上用细铁丝缠绕的皮圈内，其余关节用细麻绳连接。一个穿戴整齐的影人通常分为三段：帽为一段，头为一段，统称"梢子"；衣履共作一段，称为"把子"。影人后领用铁丝固定一根竹棍，称为"命棍"（北方影人的命棍通常固定在前胸）；两只手再各固定一根，称为"手签"。艺人手持这三根竹棍即可驱动影人。成都皮影的关节和分段比北方皮影巧妙，一在于头帽分离，取其能相互交换，交替使用。二在于手掌和手指分离。这种有关节的手灵活自然，可以做出更多细腻的表情、姿势。另外，成都皮影人物的头发和胡须是用马尾扎成的软须，这不同于北方影偶的须发普遍用皮子雕刻，与脸谱融为一体，不能移动。这样，一个影偶在影幕上可以如同人一

样，吹胡鼓眼，抒须思考，甩发装疯，拔剑扣弦，绕指作态，掩袖抹泪……也正是凭借这些细节的追求，成都灯影塑造的角色更能打动人，适应剧情的发展，与剧中人物的个性丝丝相扣。

2.用色艳丽，追求细节；道具清减，浓淡适宜

成都灯影雕刻人物脸谱、髯口、服装均按照川剧设计，同时汲取了蜀锦、蜀绣、蓝印花布、四川年画等民间工艺美术的艺术成就，具有浓郁的巴蜀风味。在脸谱造型方面，男女神怪都较多地采用圆弧线条，前额多呈弧形，下巴圆圆，头型圆润，面部柔和秀丽，总体上和四川人的相貌接近，这和北方皮影普遍的尖鼻尖下巴形成了鲜明的对比。在躯干造型上，相较于北方的瘦高身形，整体上显得玲珑温和、丰满圆润。服饰纹样多采用四川地区常见的民间装饰纹样，用色大胆，色彩饱和度高，浓蓝亮绿，在灯光照射下往往呈现出梦幻般的效果。舞台布景总体上追求川剧舞台的效果，布景少，道具少，采用白描手法，清爽淡雅，给人相当的想象空间。

3.自提自唱，分工协作；川剧唱腔，高腔尤著

成都灯影班子人数较多，有"七紧八慢九消停"之说，实际上往往多达十二三人。一个戏班的主要成员通常为班主、提手（弄影者）和打锣鼓者。提手是灵魂人物，往往连提带唱。打锣鼓的同时需要帮腔，有时也唱主要角色。成都灯影唱腔均采用川剧调，包括昆腔、高腔、胡琴、弹戏、灯戏五种声腔，其中高腔和胡琴腔最为普遍，又以高腔灯影最具风格。灯影剧目丰富，所谓"唐三千，宋八百，演不完的三、列国"。凡是川剧能演的，灯影戏都可以演；川剧不能演或者不好演的一些神仙道化戏、寓言故事戏，灯影戏也可以演。和川剧一样，成都灯影惯常奏离乱攻伐之音，抒小民市井之情。在高腔影戏中，最动人的就是表达强烈爱恨情仇的鬼戏和亦庄亦谐、插科打诨的丑角戏。

四川大学博物馆藏品集萃

皮影卷

三、四川大学博物馆皮影收藏与研究

　　四川大学博物馆是国内皮影文物的重要收藏地之一，也是国内收藏成都灯影文物最多的博物馆。藏品包括清代至民国皮影艺术品两千余件，其中尤以清末成都灯影影偶、全套地狱十殿图和近两百件清末手抄影卷最为珍贵。这批文物入藏时间集中在20世纪三四十年代，主要来源于收购破产皮影班的旧物和社会捐赠。

　　清宣统年间，成都东门大桥头"友生和"号颜料铺一冯姓老板迷恋皮影戏，自费出资刻制了一套影箱，招兵买马，组建起一个灯影戏班，名为"春乐图"。戏班刚开始以流动唱堂会为主，20年代初，在下东大街李锦伦茶铺内开了灯影园子，把影戏舞台搭到了茶铺里，晚上唱戏，戏钱算在茶钱里面。灯影班鼎盛时期的核心成员有四人：主要提手唐方，人呼唐麻子，以唱小丑为主，兼唱末生；次要提手周子全是个多面手，除耍影子外，还唱各类生角、小丑，同时还打小锣，熟悉各种高腔曲牌，帮腔随心即来；尹德山是班子里的管事，唱花脸，代打大钵，嗓音极亮，讲唱俱佳；班子的经理是陈友亮，管理班中一切事务。"春乐图"专唱高腔，经常演出的剧目有《九层楼》《打盾牌》《打连箱》《贼打鬼》《打寒林》《追风剑》《斩韩生》《斩彭云》等，都是他们的拿手好戏。影班在二十年代中后期达到巅峰，名声远播川内外。1932年以后，成都军阀打拱战，百业萧条，加之以申影为代表的外来文化的侵入，小小灯影班渐难维持，"春乐图"最终停演，戏班子解散，艺人各自谋生。为换取柴米油盐等基本生活用品，班主不得已将影箱廉价出售。当时，坐落于成都华西坝的华西协合大学古物博物馆（四川大学博物馆前身）已经成立二十年，馆中工作人员以博物学家敏锐的科学眼光，一直致力于在民间搜集各类民俗、民族、考古文物。1935年10月，华西协合大学古物博物馆馆长葛维汉（D. C. Graham）和民俗专家、馆员林名均一起，将"春乐图"以及成都其他几个灯影戏班的影箱全数购进，此即四川大学博物馆第一批皮影藏品。

　　1943年1月5日，华西协合大学古物博物馆将收藏的灯影文物面向全社会展出。针对当时成都市民已经很难看到皮影戏，传统表演技艺面临失传的现状，博物馆特别聘请皮影老艺人在华西协合大学教育学院演出了两场皮影戏。1943年1月14日成都当地报纸《新新新闻》第八版"文化动态"栏目，登载了这样一则报道：

　　华大博物馆以灯影戏不仅为民间电影供民间娱乐，且系一种民间艺术，特将历年所藏之陕灯影，川北灯影，十殿，小西天，白蛇传及动物器具等名贵影子于十三日起十五日止，每日午前九至十二时，午后二至四时于该馆陈列室举行公开展览。今日为第一日，前后参观有五大学男女学生暨城内外人士，参观者均极感兴趣。又该馆以此陕灯影艺术表演方面，都市尤为难观，特定十五日午后七时起在华大教育学院举行灯影表演，表演剧有：一、小西天（丝弦），即孙悟空大战红孩儿；二、白蛇传（高腔）：盗灵芝，水漫金山寺。票价为二十元。①

　　1945年，古董商黄希成将自己收藏的皮影悉数捐赠给华西协合大学古物博物馆。1946年，博物馆新任馆长郑德坤又从市面上购进一批皮影文物，其中包括一批珍贵的清代抄本影卷。至此，华西协合大学古物博物馆的皮影藏品已达数千件之多。博物馆专门辟出了一间陈列室，陈列了其中的部分精品。②

---

①转引自江玉祥：《华大博物馆与皮影戏艺术》，载《四川文物》，2004年第4期，第72页。
②郑德坤讲演，刘盛舆笔记：《五年来之华西大学博物馆》，第8页，1947年华西大学博物馆抽印丛刊，四川大学博物馆藏。

20世纪80年代，四川大学博物馆全面改造旧的陈列，将馆藏皮影文物作为重要的展出内容。工作人员大胆地采用了当时极为先进的陈列方式，运用场景和半场景复原，在馆内搭起了一座民国时期成都地区典型的茶馆影戏园，园内安排了茶铺、水井、竹桌、竹椅、戏台，影窗上布置了一幕《断桥》，园内循环播放由当年皮影老艺人灌制的影戏唱段，使参观者如临其境，良好的展示效果引起了轰动，成为当时国内众多博物馆同行观摩学习的样板。1989年4月，四川大学博物馆邀请到南部县马王乡皮影世家第七代传人何正同，为到访的英国、丹麦、俄罗斯、法国等国家的专家、学者演出了皮影戏。老艺人技艺精湛，一人操纵几十个皮影，自提自唱，影偶个个举止如生，连喘息的细节都真实动人。老人的侄儿何天奎担任乐师，凭一己之力同时操纵小鼓、堂鼓、锣、钵、镲等打击乐器，间歇还拉胡琴、吹唢呐，堪称世界上人数最少的伴奏乐队。外宾们看得目瞪口呆，深为成都灯影的魅力所折服。

2001年，为促进学术交流，博物馆邀请到德国汉堡收藏有大量成都皮影文物的汉堡皮影剧团团长、德国皮影专家托梅·露易斯女士前来访问。研讨会后，成都沈晓皮影剧团的演艺人员在博物馆二楼大厅为来宾奉献了两出精彩的影戏。

2008年8月，四川大学博物馆馆长霍巍教授和香港城市大学中国文化中心主任郑培凯教授通力合作，将馆藏清末成都灯影迎进了城市大学文化中心艺廊，展出旬余。众多城大师生和香港市民第一次看到来自巴山蜀水的光影旧物，惊喜连连，感叹不已。

几十年来，四川大学博物馆工作人员致力于皮影文物的收藏、整理、研究与展览，为这项非物质文化遗产的保护做着力所能及的工作。其中，江玉祥教授的成就最为卓著。没有他对川大皮影文物的先期整理，本书的编著将难以进行。他先后出版了《中国影戏》《中国影戏与民俗》等著作，至今仍是中外学者研究中国皮影戏、中国传统戏曲、中国民俗文化的案头必备之作。

四、四川大学博物馆皮影藏品特色

四川大学博物馆目前收藏的皮影文物包括各类影偶、抄本和印本影卷、刻影工具、影箱及戏班各类相关用具，门类丰富，保存情况良好。这批文物以成都灯影为主，时代大致为清末到民国，具有重要的文化研究价值和极高的艺术欣赏价值。

1.生旦净丑，品类齐全；造型柔和，色彩鲜艳

目前国内收藏的皮影偶文物，时代最早的属于明代，为山西孝义、北京等地公私收藏，总数不到一百件，多为藏家自述，缺乏科学鉴定依据。据有关报道统计，这些明代影偶角色全是历史人物，从

造型观念、色彩运用、大小规格以及刀法等方面来看，基本上呈现出一致的风格面貌。[①]全国各地博物馆目前收藏的皮影多为清末到现代作品。四川大学博物馆作为国内最早收藏皮影文物的博物馆之一，收藏了数量最多的清代成都灯影，每一件藏品都体现出成都灯影精镂细刻、精美绝伦的特点。

成都灯影塑造的角色和川剧一样，包括生、旦、净、丑几类，此外还有相当部分的动物、神怪造型。影偶脸谱就雕刻角度的不同，可以分为半边脸（五分面）、斜侧脸（八分面）、正面脸、变脸

---

① 参见《中国美术全集·工艺美术编·民间玩具剪纸皮影》，第73、74、81页，人民美术出版社，1988年。

（双面脸）等几种；就雕刻技法和表现方式而言，可以分为表现生、旦角色的空脸和表现净、丑及鬼怪、动物角色的满脸。

川剧舞台上生、旦角色的"俊扮"，表现为皮影造型即所谓的"空脸"，主要是借助线条，以眉、眼、唇的微妙变化来塑造人物形象。文生、青衣类，眉毛都为柔和的弧形挑起，再向下延缓入鬓角，是为"弯眉"。眼细长入鬓，红唇紧抿，纤柔而秀丽。武生、武旦，眉眼同步向上斜挑，是为"立眉"，线条流畅有力。老生、老旦角色，用波状、丝网状的装饰线条来表现饱经风霜的满脸皱纹。

"满脸"多用于净（花脸）、丑一类角色，采用镂空、雕花、敷彩相结合的方式，借助象征、寓意等表现手法，在人物的眉、眼和面颊部位大胆采用各种花、草、虫、鱼、飞禽、走兽等装饰纹样，通过虚实、疏密、繁简的变化做有机的穿插，较之戏剧脸谱更趋于图案化。

此外，还有一种专用脸谱，用于戏中某些常见而又特殊的角色，他们都有一些约定俗成的代表其身份的特殊标记，如额头装饰有日月纹样的包公，装饰有翻天印的广成子，三只眼睛的二郎神，猴王孙悟空，虎脸呼延赞等。这种脸谱的人物出场无须道白，观众一看就知道他们的身份。

影偶身段包含女身与男身两类，均身着传统川剧戏装，雕刻精致，色彩明丽。男女之区别，主要在于女身为小脚，着三寸金莲；男身为大脚，脚上套靴。帝王将相的袍、服、蟒、靠，描龙绣凤，层次分明；生旦角色的帔子、褶子，变化微妙，各有特色。至于服饰纹样，多取龙、凤、鱼、水、云、花等中国传统装饰纹样。

2.道具布景，一应俱全；地狱十殿，举世罕见

相较于北方皮影复杂的布景，成都灯影追求川剧的舞台效果，整体布置常常以一桌、两椅、三围壁为主，精当凝练，寓意抽象。即便如此，一个完整的灯影戏班，如果有两百个影人，道具和配景仍然超过一百件，各类桌椅、摆设、树木、山水、桥梁、城门、神仙朵子等等一应俱全。除此之外，针对特别的故事情境，艺人们还会雕刻一些非常特殊

的、不具有普遍性的舞台道具，如棺材、平床、虎头铡刀、鸦片烟榻、汤圆担子等等，每每务求准确。这其中，就有四川大学博物馆收藏的一套用于鬼戏布景的大型地狱十殿景片，堪称成都灯影布景的登峰造极之作。

"地狱十殿"是四川大学博物馆皮影文物中最重要的收藏。全套包括若干场景，整体排开长度超过三十米，气势恢宏，是国内同类文物中唯一完整的一套。这套"十殿图"由"春乐图"戏班于清代宣统年间耗巨资刻制而成，是在搬演《目连传》《唐王游地府》等阴间地狱戏时，作为舞台布景布置在影幕上的。全套景片由四十三幅图像组成，分别代表地狱十殿，每个殿包含三到四个画面，内容分别为阴间受刑、劝善与警世、戏曲故事。一幕影窗同一时间只能容置一殿的图景，游完"十殿"就得换十次景片。其中"地狱法庭"可以固定不动，只需在殿中换上不同的冥王。每一殿配有一块牌示，上面写着各殿的名称和每一幅图像的说明文字。

皮影"地狱十殿"虽然讲的是阴间的事，图像却非常的世俗化。比如，画中的人物大部分着清装，都是清代社会习见的市井九流各色人等。其中的场景，如赌博、吃洋烟、宣讲教化、惜字纸、送善书等，也无一不是清代社会生活中司空见惯的场面。至于地狱的刑罚，除了佛教和史书上有记载的如"刀山狱""抱火铜柱"等，多数来自民间艺人的想象，如"猪拉狗扯""锯解狱""铁碾狱"等。其中还有十幅取自经典川剧故事的场景，如水浒故事里的"活捉三郎"，白蛇传说中的"扯符吊打"，由明代传奇《焚香记》改编的"活捉王魁"等，画面生动，色彩绚烂，人物形象与空间构图都洋溢着川剧素有的寓庄于谐的趣味。所有这些，都使这套描绘地狱场景的巨幅景片，成为展现清末民国四川社会风俗的最可宝贵的画卷。

3.影本数百，有利研究；墨字黄卷，抒写世态

影卷是指影戏演出专用的文学剧本，主要由人物的对话、唱词以及舞台提示等组成。据记载，宋代的影戏演出已经开始采用话本，由于没有实物存世，其结构不得而知。目前所知传世最早的影卷为

明代万历七年（1579）的手抄连台本《薄命图》和《炎天雪》（《六月雪》），收藏在唐山乐亭博物馆，结构和清代影卷基本一致。[1]清中叶是影戏剧本创作的高峰期，文人开始参与影卷的创编工作。四川皮影剧本除了艺人自己的编写抄录外，还有一部分与文人士大夫有关联，他们或者对传世抄本加以抄写转录，或者亲自参与创作编写。

除了手抄本，到清代后期，一些书局、书社开始印行影卷，以满足人们阅读文学剧本的需要。他们用油光纸石印影卷袖珍本，封皮用硬纸壳做套，线装，采用薄利多销的方式大批量向市面发行。一部四小本的《白狐裘》或《二度梅》，售价只有16枚铜元。这其中既有商务印书馆、中华书局、世界书局等大型书局，也有成都青石桥、绵竹宝全堂等民间小书社。石印袖珍影词小书一时充斥市场，人们争相购买。这些影卷字体较小，演员念唱不便，故影戏班子一般不用，却为普通民众所喜爱，以小说视之，甚或把它们作为识字的课本。

四川大学博物馆是国内收藏皮影影卷最多的机构之一，总数达二百件，以清末手抄本为主，也包括部分民国石印本。这批唱本留存了大量今天已经失传的皮影剧目，对于研究中国皮影戏、中国传统古典戏剧，都是极为重要的实物资料。

4.刀刃锉眼，油污烂漫；影箱包册，留存记忆

皮影的制作工序非常复杂，从选皮到影人成形上戏，有许多工艺技巧。传统的工序包括选皮、制皮、画稿、过稿、镂刻、敷彩、发汗熨平、缀合成形等八个基本步骤，其中最重要的就是刻影。成都话刻影又叫"錾灯影"。常用工具有四十件，分刀、刃、锉、眼、噲五类，全套工具可达三百余种。制影所用颜料都是天然的植物颜料，可以透光，色泽自然，经久不褪。制影用力甚巨，一箱皮影，一二百影人，一二百道具，往往耗时三四年之久。

作为国内最早对民俗文物加以系统搜集整理的文博机构之一，四川大学博物馆的有识之士在早年搜集皮影文物时，就有意识地收入了影班所有相关器具，包括装皮影的箱子、竹编包册、戏台横幅、对联、班牌、戏票、刻影工具、照明灯具等等。这些物品虽然看上去不起眼，但是在今天已经很难见到，它们组合在一起，向我们述说的才是一个完整的故事；也正是通过这些琐碎的物事，我们才可以更深入地了解一百多年前成都地区灯影戏班的生存状态，重构历史情境，进而为更好地保护这一重要的非物质文化遗产，提供有益的参照。

①参见《河北省志》第七十九卷《文化志》，第103页，方志出版社，2001年。

图录

TULU

第一部分

地狱十殿场景

中国传统地狱观念中的十王信仰，是汇集佛、道两教和传统冥界思想的成果。"十王"一词最早出现在初唐僧人藏川所著《佛说十王经》中，该书首次提出了完整的十王名号和十殿职司。延及宋元，道教吸收了"十王"的信仰并加以演变，形成了《玉历宝钞》《元始天尊说酆都灭罪经》等道教经典，以宣传道教惩恶扬善、救赎地狱的教义。到了清代，《玉历宝钞》将佛经中的地狱说法和通俗文化融会贯通，受到了社会普遍重视，进而使"死后受十王逐殿审判"的概念深入民间并获得广泛普及，从丧葬仪式、寺观图像、通俗读物的阅读，一直延伸到戏剧表演。

四川是《佛说十王经》和《玉历宝钞》最早编写和流行的地区，"十王"信仰自唐以后就十分盛行。川剧、皮影戏剧目多鬼戏，戏中时时不忘提醒人们牢记善恶报应，生前积德以免死后受地狱之苦。灯影戏班"春乐图"刻制的皮影十殿场景，正是这种文化背景下的产物。

就图像的总体组合而言，皮影十殿图和存世民国四川地区水陆画十殿图结构基本一致，都是由地狱法庭、地狱受刑场面、人间生活几个场景组成。但是，根据每殿牌示上的文字，又可知皮影十殿阎王的职司和水陆画并非等同，与《玉历宝钞》中的描述也不能一一吻合。在构图上，民间艺人并没有严格按照书本上的描述去图绘他们心目中的地狱，他们在创作时喜欢自由发挥，创作素材就来自他们的日常生活。尤其值得一提的是，十殿中的每个殿均有一幅川剧场景，此所谓"戏中有戏"。民间俗话说："戏上有的，画上有。画上有的，世上有。"艺人们用最直观的方式告知台下看戏的人，戏中作恶者正在此殿的地狱遭受处罚。这是举世无双的巧妙设计。

四川大学博物馆藏品集萃

皮影卷

冥王殿

年代： 清代
尺寸： 高96厘米，宽66厘米
质地： 牛皮

冥王殿，是地狱中的审判法庭。这幅图景需要在十殿中的每一个殿反复出现，只需换上该殿的冥王即可。冥王通常身穿帝王的蟒袍，头戴"耳不闻"，端坐在弓马桌后。殿旁有专司捕杀的小鬼，一名形如刀笔吏的判官，总体呈现出清代世俗衙署做派。殿堂外观如同晚清四川地区常见的瓦房，雕刻花栏板，檐下垂挂宫灯。殿内帷幔、桌围、柱子都采用明丽的大红色，望之喜气洋洋。若非一旁站着的那个红发狰狞小鬼，我们断断看不出此为阴森恐怖的鬼狱世界。

【图1】

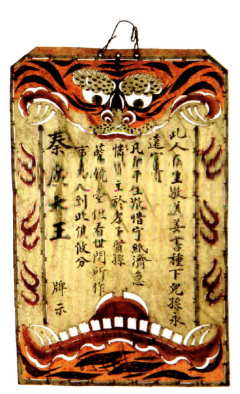

【图2】

一殿"秦广殿"牌示

年代： 清代
尺寸： 高20厘米，宽13厘米
质地： 牛皮

人死后进入阴间，在第一殿秦广殿里接受孽镜照射，生前功过在镜了中一一呈现。如果功过各半，就被直接带到第十殿投胎转世；如果过大于功，就从此殿开始接受十殿王的逐一审判。犯了秦广殿里各项罪过的人，如果生前做过送善书、惜字纸这样的善事，就可以免受此殿的刑罚。牌示上图绘一个大虎头，虎口大张，露出森森白牙。白牙之间有墨书文字，说明此殿冥王为秦广王，专司孽镜台，并劝世人多行送善书、惜字纸等善事。

图录

11

孽镜台

年代： 清代
尺寸： 高104厘米，宽50厘米
质地： 牛皮

　　一殿场景之一。人死后进入阴间，在第一个殿里首先被孽镜照射，其生前功过罪孽即在镜中一一显现。画面雕刻显示，在红发鬼卒呵责下，一右手持刀、身背牛头的人正下跪接受孽镜照射，上方圆镜中显示此人生前罪孽为喜好屠牛杀生。

【图3】

四川大学博物馆藏品集萃

皮影卷

川剧场景《放裴》

年代： 清代
尺寸： 高60厘米，宽58厘米
质地： 牛皮

【图4】

一殿场景之二，为川剧传统剧目《红梅记》中"放裴"一折。南宋权相贾似道携歌妓李慧娘游西湖，慧娘因随口赞扬太学生裴禹"美哉，少年"，为贾不容，被斩杀于半闲堂。贾将裴禹软禁于府中，意图杀害。慧娘的鬼魂深夜潜入贾府，助裴禹逃脱。皮影场景为李慧娘鬼魂夜半护送裴禹逃脱兵士追杀的片段。

惜字纸

年代： 清代
尺寸： 高60厘米，宽56厘米
质地： 牛皮

一殿场景之三，劝善场景。清代民间以爱惜字纸为一大善事。图中刻一塔，上书"惜字库"三字。一挑担人放下装满字纸的担子，一士大夫模样的老者站在一边与之言语。

【图5】

送善书

年代：清代
尺寸：高60厘米，宽41厘米
质地：牛皮

【图6】

　　一殿场景之四，劝善场景。清代民间流行劝善读物《玉历宝钞》，有钱人家出资印刷，免费散发给穷人，是可以积德的善举。图中刻一身着长袍马褂，手摇折扇，鼻梁上架着文明镜的财主正在向人群散发《玉历宝钞》。此时天空升起一道祥云，一神仙手持拂尘，按下云头遥遥观看。

二殿"楚江殿"牌示

年代：清代

尺寸：高20厘米，宽13厘米

质地：牛皮

　　第二殿为楚江殿，牌示上墨书文字说明此殿冥王为楚江大王，专司挖眼地狱、拔舌地狱等。如果世人生前好行宣讲教化等事，就可以免受此殿的刑罚。

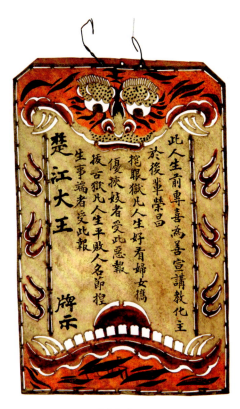

【图7】

【图8】

宣教化

年代：清代

尺寸：高60厘米，宽70厘米

质地：牛皮

　　二殿场景之一，劝善场景。图中刻一身着长袍马褂、戴文明镜的老者坐在台上宣讲教化，下面男女老少、三教九流之辈正在听讲，神情各异。老人身边桌上立着三个木牌，分别刻有"劝善""万恶淫为首""百行孝为先"。

【图9】

川剧场景《打判官》

年代：清代

尺寸：高69厘米，宽62厘米

质地：牛皮

二殿场景之二，取自川剧折子戏《打判官》。述阴间一判官仗势强逼二女鬼嫁于他，二女鬼不从，被判官吊打。判官娘子忽至，问明原委，痛打了判官一顿，放走二女鬼。图中判官娘子着斜襟褂子，跷着"二郎腿"，坐在绣墩上，一鬼卒高举皮鞭，判官赤裸上身跪地求饶。判官身后的地上，趴着一只颜色鲜艳的大乌龟。

挖眼狱、拔舌狱

年代： 清代

尺寸： 高43厘米，宽81厘米

质地： 牛皮

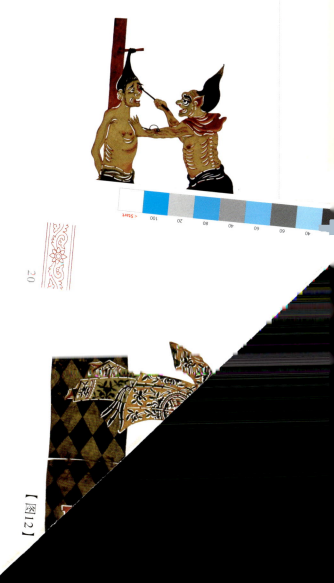

【图12】

二殿场景之三，地狱刑罚。图刻地狱刑罚之挖眼
见于法典的非刑。史载汉代吕后断戚夫人手足，去眼
见的景象。地狱刑罚究竟如何，世人都没有见过，所
手刻画出来。

三殿"宋帝殿"牌示

年代：清代
尺寸：高20厘米，宽13厘米
质地：牛皮

第三殿为宋帝殿。牌示上墨书文字说明此殿冥王为宋帝大王，专司剥皮狱、抽肠狱等，并对骗人钱财、挑拨是非者施以枷囚。

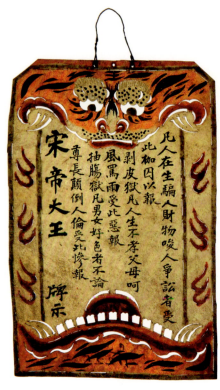

【图11】

川剧场景《斩杜后》

年代：清代
尺寸：高77厘米，宽68厘米
质地：牛皮

三殿场景之一，川剧《帝王珠》之一折。讲的是，元末，英宗年迈多病，听信偏妃杜后之谗言，将其长子铁木耳贬往铁龙山。后英宗病重，杜后与权臣蔡宗华私通，毒死英宗，欲斩二王子彝留，立己子朔原。四大夫上山报信，铁木耳率兵回朝，处死蔡宗华。杜后装疯，向铁木耳寻衅生事，铁木耳不得已授意部将刘乃成将杜后杀死。此事不见史载，纯为文人臆造。图中打甩发的小脚女子为杜后，戴翎子武将为铁木耳，虬髯持剑将士为刘乃成。

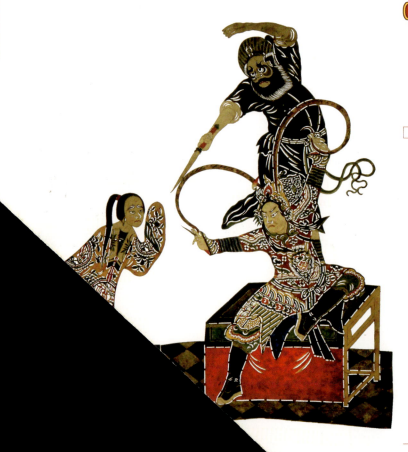

枷囚

年代： 清代
尺寸： 高45厘米，宽63厘米
质地： 牛皮

三殿场景之二，地狱刑罚。阴间的鬼被锁上了铁枷，和人间的情景一模一样。图中被枷锁的有衣冠堂皇的有钱人，也有小脸子模样的穷人。另一边，一个头挽元宝髻的妇人正在为扛枷的犯人喂饭。这是人间生活的真实图绘。

【图13】

抽肠狱、剥皮狱

年代：清代
尺寸：高57厘米，宽68厘米
质地：牛皮

三殿场景之三，地狱刑罚。腰裹虎皮裙的小鬼正在施行抽肠、剥皮的刑罚。被抽肠的是一名女子，脚边一只黑狗正在咻咻嗅闻。在地狱，已经死过一遍的人不能再次死去，只能清醒着忍受无休止的肉身痛苦。

【图14】

四殿"五官殿"牌示

年代： 清代
尺寸： 高20厘米，宽13厘米
质地： 牛皮

第四殿为五官殿。牌示上墨书文字说明此殿冥王为五官大王，专司油锅狱、抽筋狱等，生前好赌之人将在此殿接受处罚。

【图15】

川剧场景《活捉王魁》

年代： 清代
尺寸： 高70厘米，宽66厘米
质地： 牛皮

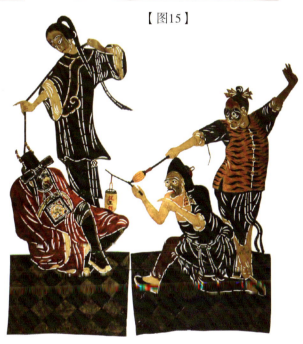

【图16】

四殿场景之一。川剧《活捉王魁》，又名《焚香记》，最早源自南戏《王魁负桂英》。宋代，书生王魁流落长安，为妓女焦桂英所救，二人结为夫妻，誓言白头偕老。后王魁上京应试高中，一纸休书休掉桂英，另娶承相之女。焦桂英到神庙告状不准，愤而自缢。死后鬼魂告到阴间，携众小鬼至王魁新婚洞房，活捉王魁。图刻变脸后的焦桂英打甩发，一身黑衣，手拽黑绳，提拿着王魁后领，犹如复仇女神。状元郎王魁瑟瑟倒地，口吐长舌。一名拿鬼手提灯笼，灯笼上写着"捉王魁"三字。

油锅狱

年代：清代
尺寸：高46厘米，宽52厘米
质地：牛皮

　　四殿场景之二，地狱刑罚。古代有用鼎镬煮人的酷刑，屡见于战国至两汉魏晋的史籍。《汉书·刑法志》："陵夷至于战国，韩任申子，秦用商鞅，连相坐之法，造参夷之诛。增加肉刑，大辟有凿颠、抽肋、镬亨之刑。"颜师古注曰："鼎大而无足曰镬，以鬻人也。"图中有小鬼拿着四川农村常见的竹筒在吹火，为严酷肃杀的地狱酷刑涂抹了一笔谐趣。

【图17】

抽筋狱、赌博狱

年代： 清代
尺寸： 高57厘米，宽97厘米
质地： 牛皮

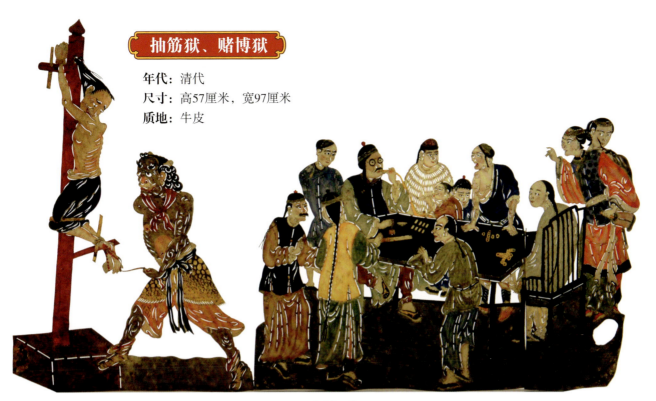

【图18】

四殿场景之三、之四。右边为人间赌博场景。聚众赌博的一群人，有头戴瓜皮帽抽着烟锅的绅士，有脚穿布鞋胡乱挽着裤腿的下层劳动人民，有戴着抹额摇着扇子的丑婆子之类的角色，均为清朝市井中常见的人物。左边为地狱刑罚。一卷发裹虎皮裙的小鬼将一人头发固定在柱子上，抽其脚筋。

五殿"阎罗殿"牌示

年代： 清代
尺寸： 高20厘米，宽13厘米
质地： 牛皮

第五殿为阎罗殿。牌示上墨书文字说明此殿冥王为阎罗大王，专司刀山狱、腰铡狱等。文首有"速拿恶犯凌士奇押入各狱受罪"字样。十殿牌示中少有写出犯人姓名者，此处或出自艺人的自由发挥。

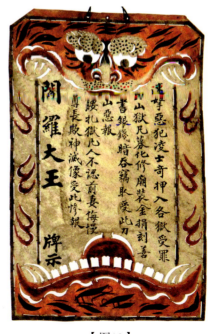

【图19】

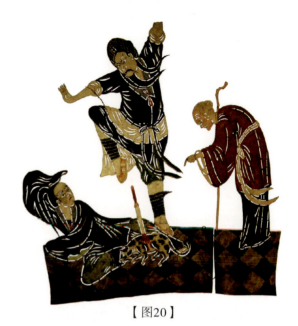

川剧场景《杀狗惊妻》

年代：清代
尺寸：高60厘米，宽58厘米
质地：牛皮

【图20】

五殿场景之一。川剧《杀狗惊妻》，为《忠孝图》之一折。讲的是春秋战国时期，大夫曹庄至孝。曹妻焦氏霸悍，虐待曹母。曹庄怒而杀狗，以示警诫。图中人物包括武将打扮单腿站立的曹庄，拄着龙头拐杖的曹母，受惊倒地惶恐不已的焦氏。焦氏身边，被杀的黑斑点狗身插宝剑，鲜血淋淋。

腰铡狱

年代：清代
尺寸：高56厘米，宽110厘米
质地：牛皮

五殿场景之二，地狱刑罚。腰斩，即用刀将人拦腰砍成两半。民间传说的腰铡刑罚，是用农村铡草的铡刀将人铡为两半。这种刑罚据说是铁面无私的包公发明的，他创制出"龙""虎""狗"三种铡刀，专门用来惩治恶人。忘恩负义的陈世美，就是被包公铡死的。

【图21】

四川大学博物馆藏品集萃

皮影卷

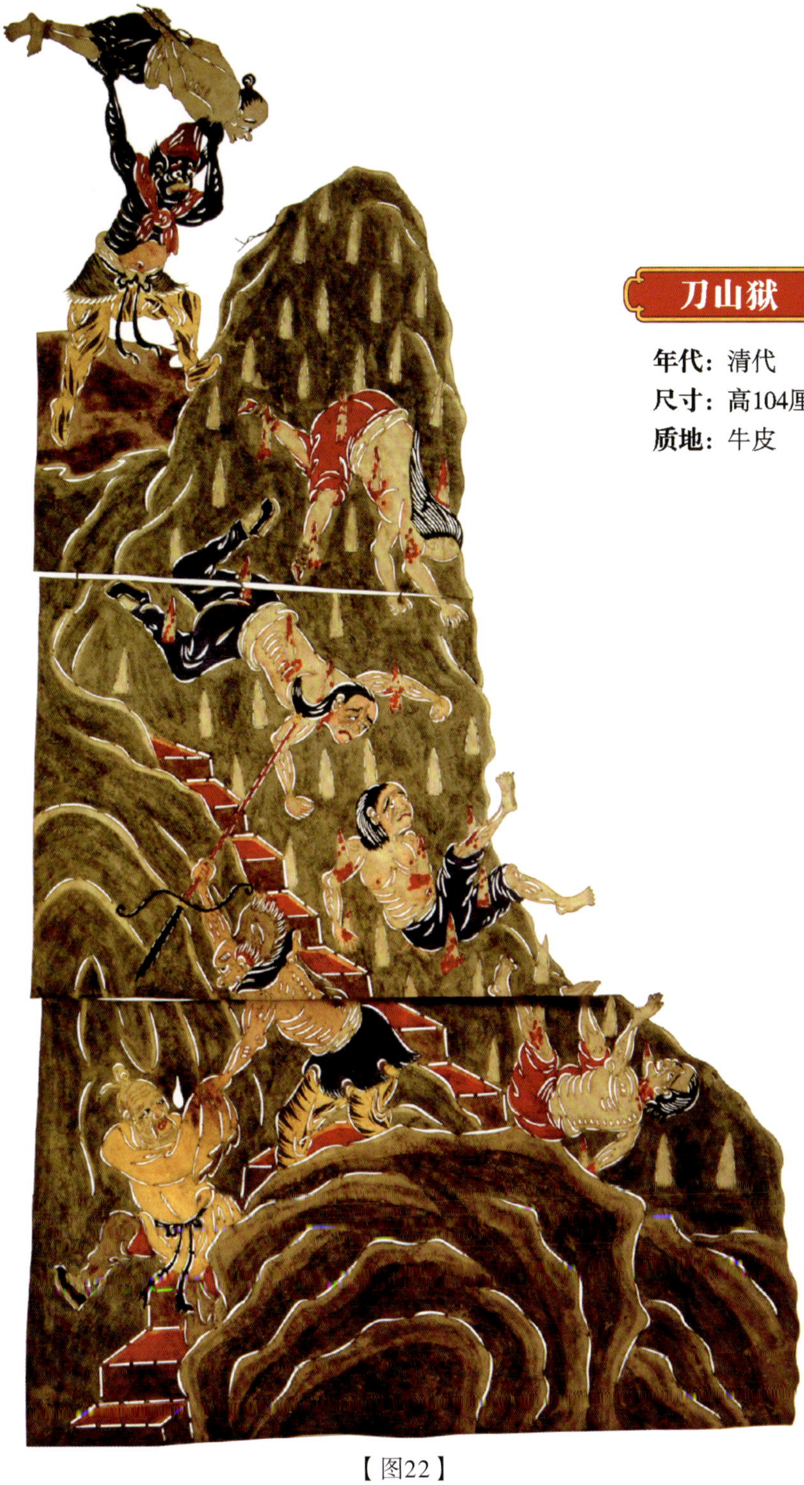

刀山狱

年代： 清代
尺寸： 高104厘米，宽59厘米
质地： 牛皮

【图22】

　　五殿场景之三，地狱刑罚。民间有所谓"上刀山，下火海"一说，用以形容人生最大的痛苦莫过于此。图刻各色人等踩着尖刀往山上爬，爬到山顶后又被鬼卒扔下山来，重新再爬，永无尽头。此种悲剧可相较古希腊神话中推着石头上山的西西弗斯，只是一为赎罪，一为原罪。

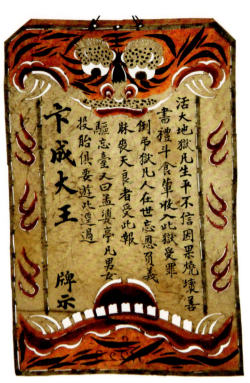

卞成大王　牌示

活大地獄凡生平不信因果燒壞善
書禮斗食單收入此獄昊罪
倒吊獄兒人在世忘恩負義
脈爽天良者受此報
驅忘臺天曰孟渡亭凡男女
投胎俱要遊此遷過

【图23】

六殿"卞成殿"牌示

年代：清代
尺寸：高20厘米，宽13厘米
质地：牛皮

　　第六殿为卞成殿。牌示上墨书文字说明此殿冥王为卞成大王，专司活大地狱、倒吊狱。孟婆亭也在此。

【图24】

川剧场景《扯符吊打》

年代：清代
尺寸：高71厘米，宽72厘米
质地：牛皮

　　六殿场景之一，中国家喻户晓的戏曲故事《白蛇传》之一折。蛤蟆精转化的王道陵奉法海之命来钱塘对许仙挑拨离间，赠其灵符一张，欲加害白娘子。道高一尺的白娘子令小青将王道陵抓至药店，吊打拷问。图中王道陵被缚在歪脖树下求饶不止，小青着清装跷着腿坐在凳子上，奚落道陵老儿。

孟婆亭

年代：清代

尺寸：高36厘米，宽64厘米

质地：牛皮

六殿场景之二。民间传说阴间有孟婆亭，又称驱忘台，经过此亭，必须喝下孟婆熬制的孟婆汤，从此将前世恩怨情仇忘得一干二净。图中满脸皱纹的孟婆裹着巾子，披着黑褂子，脸上堆着笑，正将手中的一小碗茶汤递给前面手拿拂尘的人。她身边的桌子上，煮汤的炉火烧得正旺。

【图25】

倒吊狱

年代： 清代
尺寸： 高63厘米，宽42厘米
质地： 牛皮

六殿场景之三，地狱刑罚。倒吊的刑罚，在四川俗称"鸭儿凫水"，是取粗麻绳四根，分别捆扎住人的两手拇指和两脚大指，凭空将人吊起，使人痛彻心扉，求生不得，求死不能。更有甚者，还在吊起人的背上加上数块石头。

【图26】

【图27】

铁围城

年代： 清代
尺寸： 高73厘米，宽54厘米
质地： 牛皮

六殿场景之四。铁围城是地狱里最阴森恐怖而又坚不可摧的城，关着受尽诸刑却永远不能超生的鬼魂。相传目连的母亲就被关押在这座城里，后来目连用佛祖所赐禅杖打破铁围城，救出了母亲。

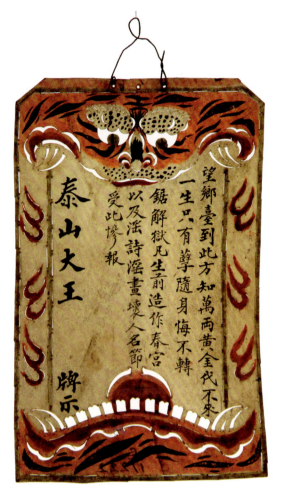

泰山大王

牌示

望鄉臺到此方知萬兩黃金代不來

一生只有孽隨身悔不轉

鋸解獄凡生前造作春宮

以及淫詩溼畫壞人名節

受此慘報

【图28】

七殿"泰山殿"牌示

年代： 清代
尺寸： 高20厘米，宽13厘米
质地： 牛皮

第七殿名泰山殿。牌示上墨书文字说明此殿冥王为泰山大王，专司锯解狱。经过此殿的人可以登上望乡台回望故乡。

望乡台

年代： 清代
尺寸： 高100厘米，宽88厘米
质地： 牛皮

七殿场景之一。站在望乡台上，死去的鬼魂可以清清楚楚地望见自己在尘世的亲人，以及因为自己的罪孽给亲人带来的种种苦楚。图中一老婆婆被鬼卒押在台上，远远地望着为自己披麻戴孝，哭倒在灵前，哀恸不已的子孙，可是人鬼殊途，彼此不能再交流片言只语。

【图29】

川剧场景《三尽忠》

年代：清代
尺寸：高53厘米，宽67厘米
质地：牛皮

【图30】

七殿场景之二。川剧《三尽忠》讲的是，南宋末年，元兵压境，文天祥、陆秀夫、张世杰等拥立幼帝，偏安东南一隅抵抗。五坡岭之役后，文天祥被擒，解往燕都。陆秀夫、张世杰保赵家孤儿寡母转战千里，最终兵败，投海而死。图中陆秀夫为穿靠武将；张世杰作文生装扮，背上背着幼主；杨太后作民妇装扮，头裹帕子，一身风尘。

锯解狱

年代：清代
尺寸：高55厘米，宽42厘米
质地：牛皮

七殿场景之三，地狱刑罚。锯子是老百姓常用的工具，在这里被艺人们刻画成阴间用来锯人的刑具。此场景中锯子可以来回拉动，被锯成片状的人的身体就随着锯子的拉动不断合拢、分开。

【图31】

四川大学博物馆藏品集萃

皮影卷

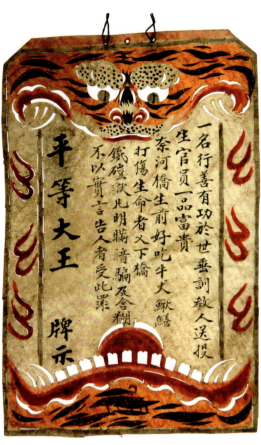

【图32】

八殿"平等殿"牌示

年代: 清代
尺寸: 高20厘米,宽13厘米
质地: 牛皮

第八殿名平等殿。牌示上墨书文字说明此殿冥王为平等大王,专司铁碰狱、奈何桥。如果生前曾经劝人行善,就可以免于此殿刑罚,直接转到第十殿投胎为人,并能官至一品,享受富贵。

川剧场景《游株林》

年代: 清代
尺寸: 高62厘米,宽60厘米
质地: 牛皮

八殿场景之一。川剧《游株林》,本事见《左传·宣公九年》。春秋时期,陈国大夫夏御叔的妻子夏姬貌美,生子徵舒。御叔死后,夏姬常与陈灵公及大夫孔宁、仪行父在株林私通,一日为徵舒撞见,怒杀陈灵公。图中徵舒头扎翎子,怒扬手中鞭子,陈灵公后退倒地,夏姬一身清装打扮,伸手欲拦阻徵舒。

【图33】

奈何桥

年代： 清代
尺寸： 高53厘米，宽99厘米
质地： 牛皮

　　八殿场景之二。奈何桥是地狱里最著名的桥，桥下的河名为奈河，是血水腥膻之河。传说死者到此，有罪的都要被两旁的牛头马面推入"血河池"，遭受虫蚁毒蛇咬噬；而行善之人过桥就非常简单。图中刻一桥架于两峡谷之间，一对老者和一名孩童正在过桥。桥右一人已经被鬼卒推下坠向血河池。桥左峡岸边，把守着一名威风凛凛的穿靠武将。

四川大学博物馆藏品集萃

皮影卷

铁碓狱

年代：清代
尺寸：高44厘米，宽51厘米
质地：牛皮

【图35】

　　八殿场景之三，地狱刑罚。从表面上看，地狱里的磨子和老百姓用来磨粮食的石磨没有什么区别，实则不然，它是铁制的，是用来磨人的。所谓铁碓狱这种刑罚，也是成都灯影艺人自己想象出来的惩罚恶人的法子。他们从切身体验出发，认为做尽坏事者，就该被锯子锯成片，铡刀铡成段，磨子磨成粉，碓窝舂成泥，热锅煮成水。此乃朴素的人间愿望。

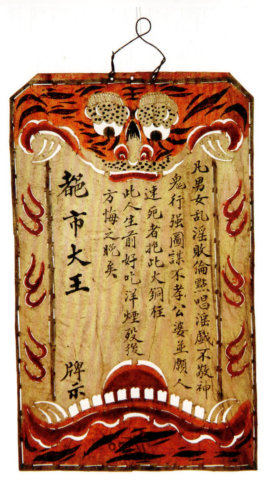

【图36】

九殿"都市殿"牌示

年代： 清代
尺寸： 高20厘米，宽13厘米
质地： 牛皮

　　第九殿名都市殿。牌示上墨书文字说明此殿冥王为都市大王，专司抱火铜柱。男女淫乱者、好听淫戏者、不敬鬼神者、不孝翁姑者、好吃鸦片烟者等，都要遭受此种刑罚。

吃洋烟

年代： 清代
尺寸： 高58厘米，宽75厘米
质地： 牛皮

　　九殿场景之一。刻画了清代社会常见的抽大烟的场景。一张鸦片烟榻，两三个小厮、侍女。烟鬼斜倚在榻上，已经被鸦片毒害得瘦骨伶仃。对面一名妓女手拿团扇，跷腿坐着，正在烧烟泡。

【图37】

抱火铜柱

年代：清代
尺寸：高55厘米，宽63厘米
质地：牛皮

　　九殿场景之二，地狱刑罚。殷商时就有一种刑罚叫炮烙之刑。《史记·殷本纪》云："纣乃重刑辟，有炮烙之法。"即在铜柱上涂油，下加炭使热，有罪之人行走其上，辄坠炭火中活活烧死。地狱中的抱火铜柱更为残忍，是将人捆绑在铜柱上，小鬼们在下面煽火，火热皮焦，人却不能速死。

【图38】

川剧场景《铁冠图》

年代: 清代
尺寸: 高79厘米,宽49厘米
质地: 牛皮

九殿场景之三。川剧《铁冠图》讲的是,明末李自成率部攻打宁武关,明守将周遇吉向朝廷告急,崇祯皇帝派内监王忠前往督师。王忠不听周遇吉之言出兵被擒,投降李自成后假装逃回宁武,与李自成部里应外合陷城,逼周遇吉夫妇坠城而死。后李自成举兵进京,纳降群臣,崇祯皇帝自缢。图刻周遇吉鬼魂向李自成和王忠复仇的场景。图中周遇吉头戴将军盔,身背帅旗,一脚踏住了太监王忠,一手拿住了头戴王帽的李自成。

【图39】

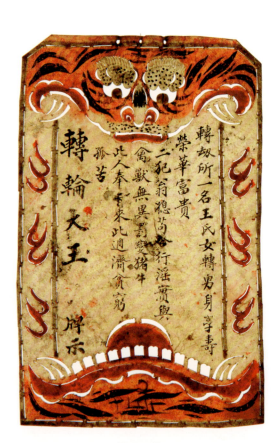

【图40】

十殿"转轮殿"牌示

年代: 清代
尺寸: 高20厘米,宽13厘米
质地: 牛皮

第十殿名转轮殿。牌示上墨书文字说明此殿冥王为转轮大王,专司转世轮回之事。如一名王姓女子可转世为男身享受荣华富贵,一对偷情的翁媳将转世为猪牛。如果在世时行善事,济孤苦,皆可转世为人。

转轮所

年代：清代
尺寸：高121厘米，宽136厘米
质地：牛皮

　　十殿场景之一。在地狱走了一遭，已经受过种种惩罚的鬼最后到了转轮殿，在转轮所里接受转轮王的一笔勾定：或转世投胎为畜生，或为人；或为男，或为女；或享受荣华富贵，或终生贫穷劳苦。所谓世事皆由此定。图中穿上状元服的为王氏女，在转轮王前下跪的男女为偷情翁媳。转轮所前，有一群身披龟壳或牛皮、猪皮等的人，他们将再世轮回为畜生。

【图41】

济贫苦

年代：清代
尺寸：高39厘米，宽51厘米
质地：牛皮

十殿场景之二，劝善场景。图中
有两个头戴虎头帽的差役模样的人，
其中一人手举钱袋，正在向老妇、盲
人、乞丐布施。

【图42】

川剧场景《活捉三郎》

年代：清代
尺寸：高56厘米，宽43厘米
质地：牛皮

十殿场景之三。川剧《活捉三郎》改编自
水浒故事，讲宋江妻子阎婆惜与其弟子张文远
（三郎）偷情，被宋江察觉，婆惜恼羞成怒，
反以所掌握的宋江和梁山泊头领晁盖的通信函
件来要挟，宋江急怒之下误杀婆惜。婆惜死
后，鬼魂留恋与张三郎的旧情，化作人形，以
情挑之，被拒后活捉三郎，与之同赴阴司。

【图43】

四川大学博物馆藏品集萃

皮影卷

第二部分

头 茬

头茬，指影人的头部造型，四川话又称"梢子"，包括头、帽两个部分。一个戏班雕刻的影偶头茬越多，说明影人角色越齐全，演出剧目越丰富。

四川皮影的头茬，根据川剧角色行当的不同，可以分为生、旦、净、丑几类，此外还有皮影特有的鬼怪头、神佛头、专用头、变脸头等。旦类以下又可细分为正旦（青衣）、小旦、彩旦、摇旦、刀马旦、老旦、花旦、鬼狐旦等；生类以下可分为文小生、武小生、老生、娃娃生、文正生、武正生等。生、旦通常采用空脸造型，用去皮留线的阳刻线条，以繁简的发饰，微妙的眉眼走向和不同颜色及长短的须发等细节加以区别。

四川皮影头茬颇具地方特色，其中的净角，也就是花脸头茬最显艺人功力。和川戏的花脸脸谱一样，净角头茬纹饰特别艳丽，形象夸张，人物性格特征突出，最具装饰性和观赏性。此外，丑角造型也颇能体现四川地方戏曲的神韵，往往一个抓髻、一个朝天鼻，轻松诙谐的兴味已油然而生，每每令观者喷饭。

第一类 女 头

戏曲中的女子统称旦角。皮影塑造青衣、花旦等正派青年女子头茬，多采用阳刻技法，以空脸造型凸显秀丽的眉眼与光洁的肌肤。老旦、丑旦、女鬼头则多用去线留皮的阴刻技法。老旦脸部用波纹线条表现满脸皱纹，头发不染色，用皮子本色制造出须眉皆白的效果。丑旦、女鬼头等，一般是通过对比强烈的颜色、怪异的发型、扭曲的线条来暗示人物的个性特征。

花旦头

年代：清代
尺寸：高13厘米，宽17厘米
质地：牛皮

【图44】

花旦为性情开朗、天真烂漫的年轻女子，如《春草闯堂》中的春草，《西厢记》中的红娘，《梵王宫》中的耶律含嫣。花旦装束较之正旦俏丽活泼。在皮影头茬中，花旦的脸孔相较正旦短促，有着较为复杂、鲜艳的头部装饰。

【图45】

花旦头

年代：清代
尺寸：高13厘米，宽13厘米
质地：牛皮

空脸，额头圆润柔和，细长眼，弯眉入鬓，戴耳环，盘髻下珠花斜插下坠，类似步摇。

【图46】

花旦头

年代：清代
尺寸：高13厘米，宽13厘米
质地：牛皮

弯眉，头微微下俯，嘴角含笑。鬓边发丝刻画得一丝不苟。

【图47】

素花旦头

年代：清代
尺寸：高13厘米，宽13厘米
质地：牛皮

发饰相对素净的素花旦，梳旗装头，用于《刁南楼》中的刘素娥等。

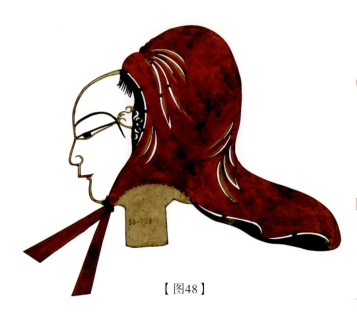

风雪帽花旦头

年代：清代
尺寸：高19厘米，宽19厘米
质地：牛皮

头裹红色的风雪帽，颌下扎巾。用于女子雪夜出行时，如《夜奔》中的红拂女。

【图48】

【图49】

毛根旦头

年代：清代
尺寸：高19厘米，宽18厘米
质地：牛皮

四川人俗称独辫为"毛根儿"，梳这种发式的都是尚未出阁的小姑娘，如《拾玉镯》中的农家女孙玉姣。戏开场时她正坐在门前刺绣，书生傅朋路过，小姑娘心里对他有点好感，又不好意思，就把鸡赶得满院子跑。这件头茬尤其注意到嘴唇的刻画，唇更小，微微上翘，下巴稍短，强调了小女子娇憨稚嫩的情态。

四喜头

年代： 民国
尺寸： 高17厘米，宽14厘米
质地： 牛皮

【图50】

民国时期成都安顺桥边"大顺班"影班刻制。梳旗装头，顶插绒花，眉眼简单勾勒，鼻子、嘴唇略略凸出，较有喜感。一般用于皇帝身边打扇的宫女。

宫女头

年代： 清代
尺寸： 高15厘米，宽13厘米
质地： 牛皮

下巴内收，眉眼多英气，梳旗装头，下坠燕尾，头插蝴蝶钗。用于宫中跟随皇后娘娘的身份较高一点的宫女。

【图51】

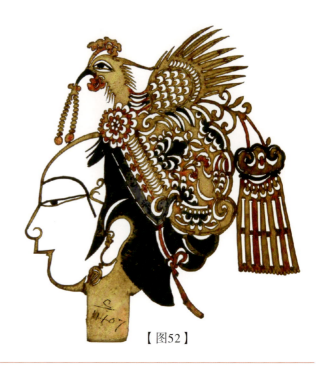

凤冠头

年代： 清代
尺寸： 高18厘米，宽16厘米
质地： 牛皮

【图52】

眉眼端正，头戴凤冠，冠上有双凤，凤嘴衔珠串，冠下垂旒。一般用于年轻貌美的皇后娘娘、诰命夫人等。

李艳妃头

年代： 清代
尺寸： 高21厘米，宽18厘米
质地： 牛皮

眼角上挑，口、鼻略凸出，头戴凤冠，冠上有四凤，冠下垂旒，额前有刘海。此头茬专用于《二进宫》中的李艳妃。

【图53】

【图54】

年代: 清代
尺寸: 高17厘米，宽16厘米
质地: 牛皮

空脸，寿眉，白发，头戴凤冠，脸上和额头以波纹线条显示满脸皱纹。用于老年的皇后或国太之类的角色，如《四郎探母》中的佘太君。

【图55】

老凤冠头

年代: 清代
尺寸: 高19厘米，宽17厘米
质地: 牛皮

须眉皆白，面容端庄，梳髻，戴凤冠，头发刻画得极为细腻。用于富贵之家的老夫人或国太。

图录

麻老旦头

年代： 清代
尺寸： 高13厘米，宽12厘米
质地： 牛皮

老旦，即老年妇女角色。皮影艺人刻画老旦头茬，一般采用细线条镂刻皱纹，眉毛和头发皆不上色，用皮子本色来表示须发皆白。

【图56】

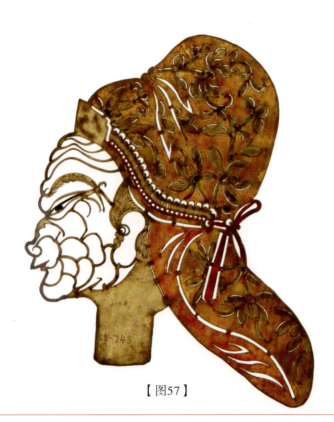

【图57】

王母头

年代： 清代
尺寸： 高13厘米，宽16厘米
质地： 牛皮

额头陡直，鼻梁下塌，尖嘴，细长眼，头裹黄花巾，望之令人不安。用于个性严苛的老年妇女，如《安安送米》中的老祖母，《玉簪记》中的姑母等。有时也可用于庙里的老尼姑。

四川大学博物馆藏品集萃

皮影卷

老旦头

年代： 清代

尺寸： 高17厘米，宽20厘米

质地： 牛皮

【图58】

满脸，阴刻皱纹，眼眉细长，紧抿的嘴唇和内收的下巴显得表情极为严肃，头裹黑色巾子。专用于黎山老母等威严、厉害的老妇人。

老旦头

年代： 清代

尺寸： 高14厘米，宽13厘米

质地： 牛皮

满脸，阴刻皱纹，鼻子中间微凹，头裹打着补丁的黑帕子，面相寒苦。专用于贫家老婆婆，如《青风亭》中的邓氏。

【图59】

老旦头

年代： 清代
尺寸： 高12厘米，宽10厘米
质地： 牛皮

【图60】

空脸，采用去皮留线的方法刻画出满脸皱纹和浓重的寿眉。头挽元宝髻，发顶有玉饰。用于家境优渥、养尊处优的员外婆婆。

【图61】

老旦头

年代： 清代
尺寸： 高12厘米，宽11厘米
质地： 牛皮

满头白发，头裹藏蓝巾，面容慈祥。用于普通贫家老妇。

帅盔变脸女猴头

年代： 清代

尺寸： 高15厘米，宽11厘米

质地： 牛皮

川剧有"变脸"绝活，成都灯影戏中也有变脸头茬，常用于鬼戏和神仙戏。表演时，艺人只需扯动连接在脸谱上的麻线，就能在瞬间化人为妖，化美女为厉鬼。

【图62】

鬼狐变脸头

年代： 清代
尺寸： 高27厘米，宽14厘米
质地： 牛皮

变脸后的厉鬼面如锅底，口吐长舌，口鼻喷血，只在脑后挽着紧密的发髻，配以漂亮的头饰，暗示此人生前为一美娇娘。此头茬专用于《活捉王魁》中的焦桂英和《活捉三郎》中的阎婆惜。

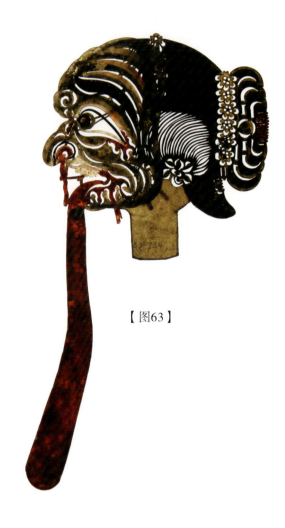

【图63】

【图64】

阴阳变脸头

年代： 清代
尺寸： 高12厘米，宽12厘米
质地： 牛皮

变脸前的正旦如刘十四娘、焦桂英等，都是细口、弯眉、雪肤花貌的美貌女子。一旦变脸化为厉鬼，双目鼓出，口吐红舌，嘴角和鼻孔都溢出鲜血，形象恐怖。

女帅盔头

年代: 清代
尺寸: 高26厘米,宽19厘米
质地: 牛皮

穿蟒扎靠,戴翎子,常常骑在马背上的女将,是戏曲中的刀马旦。皮影艺人只需在正旦的头上插上帅盔或者将军盔,再给她们配上穿女靠的身子,或者骑马女将身,就可以变成一名英姿飒爽的刀马旦。

【图65】

【图66】

女帅盔头

年代: 清代
尺寸: 高19厘米,宽17厘米
质地: 牛皮

弯眉,高鼻,眼角上挑,嘴唇有很深的笑痕,面目一如图53的李艳妃,可是旗装头上戴的是虎盔,盔顶有红绒球,威风凛凛,已化身为女将形象。此头茬可通用于《穆柯寨》中的穆桂英,《四郎探母》中的铁镜公主等刀马旦。

日罩子女头

年代： 清代
尺寸： 高16厘米，宽16厘米
质地： 牛皮

川剧中有武艺，喜欢舞枪弄棒的女角是武旦，如《白蛇传》中的小青，《打焦赞》中的杨排风。皮影和川剧一样，武旦头上经常戴着一种叫做"日罩子"的帽子。这种帽子形似凉帽而无顶，帽檐有排须。此旦角头苍立眉，眼角斜挑，颇有几分英气，专用于《白蛇传》中的小青。

【图67】

【图68】

日罩子女头

年代： 清代
尺寸： 高18厘米，宽15厘米
质地： 牛皮

立眉，头戴日罩子，上面顶着朝天板，威风凛凛。用于《斩四姑》中何四姑之类的女王角色。

【图69】

摇旦头

年代：清代
尺寸：高13厘米，宽12厘米
质地：牛皮

川剧中的摇旦，又称丑旦、丑婆子、彩旦，扮演喜剧或闹剧角色，实为女丑。这类角色常常浓妆艳抹，行为乖张，以幽默诙谐见长。此摇旦头苤马脸，通天鼻，尖下巴，额束眉勒，面相显得较为刻薄。用于《迎贤店》中的店婆，《御河桥》中的宣母，以及媒婆、贪官太太等角色。

【图70】

丑丫头

年代：清代
尺寸：高18厘米，宽15厘米
质地：牛皮

满脸，龅牙，面颊抹红，头戴抹额，梳旗装两把头，头顶竖插一朵宫花。用于丑丫头之类的人物。

摇旦头

年代：清代
尺寸：高15厘米，宽11厘米
质地：牛皮

满脸，扎牛角梢头，嘴角以波纹细线条刻画出纹路，眼内刻星星纹，暗示此人内心多花花肠子。用于形象丑恶的中年妇女，如《逼嫁玉莲》中的继母。

【图71】

【图72】

丑丫头

年代：清代
尺寸：高16厘米，宽10厘米
质地：牛皮

面颊抹一团红，扎朝天辫，上面斜插一朵宫花。眼睛上下和嘴角多纹路，暗示人物心机深沉。用于中年摇旦类角色，如《朱痕记》中心狠手辣、谋财害命的婶娘。

孝妇头

年代：清代
尺寸：高35厘米，宽13厘米
质地：牛皮

空脸，弯眉，头裹白帕，素净无装饰。这种头茬专用于青衣哭灵或守孝时，如《三祭江》中哭祭刘备的孙尚香，《大劈棺》中扇坟的孀妇孝阳、守灵的庄周娘子等。

孝妇头

年代：清代
尺寸：高30厘米，宽13厘米
质地：牛皮

空脸，弯眉，梳髻，戴白花，扎白巾。此为青衣戴孝时专用。

【图73】

【图74】

【图75】

甩发旦头

年代：清代
尺寸：高12厘米，宽24厘米
质地：牛皮

在传统戏曲舞台上，生、旦、净、丑各角色行当在表演中都有运用甩发来表达内心情感的技法。成都皮影人物的头发胡须是用马尾制成的，这样的影偶也可以通过甩发来传达强烈的内心情感。不论男女，影偶甩发的制作方式都一样，头茬上没有任何装饰，仅用麻绳和铁丝在头顶固定一束长约15厘米的马尾即可。

高立子甩发头

年代： 清代
尺寸： 高15厘米，宽24厘米
质地： 牛皮

此女鬼头茬满脸涂黑，眼、口、鼻流血，咧口呲牙，头戴高立子（硬帽条），甩发。用于《打神告庙》中被王魁抛弃，告神不灵，愤而自杀的焦桂英。

【图76】

病旦头

年代： 清代
尺寸： 高22厘米，宽12厘米
质地： 牛皮

正旦为戏曲中端庄贤良的女子，多为苦情戏中的女主角。因其穿着打扮素净，又称青衣。皮影中的正旦造型一般采用去皮留线的阳刻技法，清晰地勾勒女子眉眼。此头茬头裹巾子，用于表现风尘行旅中的青年女子，如《千里送京娘》中的赵京娘。

【图77】

青衣旦头

年代： 清代
尺寸： 高13厘米，宽13厘米
质地： 牛皮

空脸，秀眉，打扮素净。用于贫家女角色，如《武家坡》中苦守寒窑的王宝钏，《评雪辨踪》中的刘翠屏等。

【图78】

高立子正旦头

年代： 清代
尺寸： 高14厘米，宽13厘米
质地： 牛皮

挽髻，头戴硬帽条。用于阔太太之类的角色。

【图79】

旗装头

年代：清代
尺寸：高18厘米，宽16厘米
质地：牛皮

　　旗装打扮，头梳大拉翅，面短而鼓。用于番邦女子便装时的打扮，如《四郎探母》中辽国的铁镜公主，《红鬃烈马》中西凉国的代战公主。

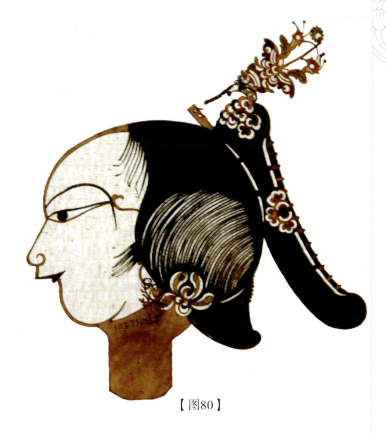

【图80】

旗装头

年代：清代
尺寸：高13厘米，宽15厘米
质地：牛皮

　　旗装打扮。用于清装戏中的旦角。

【图81】

图录

佛母头

年代：清代
尺寸：高17厘米，宽16厘米
质地：牛皮

空脸，用阳线刻画出满脸皱纹和寿眉，螺发肉髻，为佛母形象。在《朱紫国》中，王母娘娘也是这种形象。

【图82】

观音头

年代：清代
尺寸：高12厘米，宽11厘米
质地：牛皮

空脸，额心点朱砂，头戴五佛冠，上有绒球，下系带。可用于表现观音、普贤、文殊、地藏四大士，常见于《凌云渡》等神仙戏。

【图83】

年代：清代
尺寸：高19厘米，宽14厘米
质地：牛皮

头戴帅盔，束五佛冠，为四大士之一。

【图84】

年代：清代

尺寸：高15厘米，宽14厘米

质地：牛皮

道姑头。此头茬立眉，容长脸，用于个性倔强，敢作敢为的女子，如《秋江》中的陈妙常。

【图85】

钟无盐头

年代：清代

尺寸：高13厘米，宽11厘米

质地：牛皮

头扎武生巾，立眉，眉粗且为红色，左鬓插红色耳发，寓意貌丑而又具有阳刚英武之气。为《武采桑》里多智颜陋的钟无盐专用头。

【图86】

四川大学博物馆藏品集萃 **皮影卷**

第二类 男头

皮影男子头茬，从技法上分为空脸和满脸两种造型。生角一般采用去皮留线的阳刻技法，面容显得干净，也就是戏曲中所谓的"俊扮"。净、丑类角色多采用阴线刻，留皮去线，也就是戏曲中的"花脸"。和戏曲脸谱一样，皮影艺人也非常善于利用多变的线条纹路、多彩的颜色、多样的图案纹饰来刻画人物的个性特征，彰显角色的独特魅力。

吕洞宾头

年代： 清代
尺寸： 高48厘米，宽15厘米
质地： 牛皮

皮影中的生角，一般用空脸表示。此头茬头帽相连，面容清癯，挂青三须（黑色长须），头戴荷叶道巾。常用于书生出身的道士，如八仙中的吕洞宾。

【图87】

曹国舅头

年代：清代
尺寸：高58厘米，宽17厘米
质地：牛皮

空脸，挂青三须，头戴学士巾，头帽相连，额头镂空刻出皱纹，暗示年龄较长，老成持重。常用于八仙中的曹国舅。

【图88】

文小生头

年代：民国
尺寸：高15厘米，宽13厘米
质地：牛皮

此头茬由大顺班刻制于民国初年。空脸，弯眉，颌下白净无须，眼角、嘴角皆上挑，一般用于花花公子一类角色，如《梁祝》中的马文才。

【图89】

四川大学博物馆藏品集萃

皮影卷

【图90】

弯眉文正生头

年代： 清代
尺寸： 高34厘米，宽12厘米
质地： 牛皮

空脸，弯眉，挂青三须，面相端正，为正派文生形象。常用于诸葛亮等正派中年文士。

文须生头

年代： 清代
尺寸： 高40厘米，宽10厘米
质地： 牛皮

空脸，弯眉，天庭饱满，地阔方圆。常用于管仲等正派须生。

【图91】

武小生头

年代：清代
尺寸：高13.5厘米，宽11厘米
质地：牛皮

空脸，立眉，无须。可以戴帅盔、将军盔，盔上可插翎子。通用于周瑜、赵云、燕青、吕布等英俊潇洒的青年武生。

【图92】

受伤武小生头

年代：清代
尺寸：高14厘米，宽10.5厘米
质地：牛皮

空脸，立眉，无须。头上有血印，嘴角有血痕，专用于表现负伤流血的武小生，如《绵竹关》中受伤的诸葛尚，《射花荣》中中箭的花荣，《雁门关》中被擒的李陵等。

【图93】

武正生头

年代：清代
尺寸：高15厘米，宽12厘米
质地：牛皮

空脸，立眉，"一条龙"胡须（短髯）。用于普通武将。

【图94】

四川大学博物馆藏品集萃

皮影卷

半头黑

年代：清代
尺寸：高50厘米，宽12厘米
质地：牛皮

川剧脸谱中有霸儿花脸，只勾画脸谱的上半部分，用来表示人物角色的青少年时期。皮影中的霸儿脸一般着重勾画脸的下半部分。若为黑色，则称半头黑，用于刚正不阿的武将，如尉迟恭、赵公明等。

【图95】

半头红

年代：清代
尺寸：高56厘米，宽12厘米
质地：牛皮

脸谱的下半部分为红色，豹眼，鹰钩鼻，眉毛短促，挂青三口条。用于表现廉颇、伍子胥等赤胆忠心的武将。

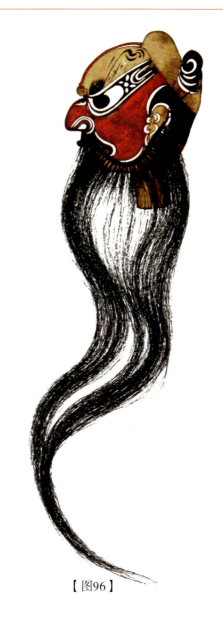

【图96】

【图97】

半头黑

年代：清代
尺寸：高12厘米，宽11厘米
质地：牛皮

半头黑，环眼，扫帚眉，"一条龙"胡须。常用于普通武将。

霸王头

年代：清代
尺寸：高54厘米，宽13厘米
质地：牛皮

额顶七星，卧蚕眉，环眼，鹰钩鼻，挂青三须，威风凛凛。为楚霸王项羽专用，有时也用于性格刚烈的武将，如《庆云宫》中的陈霸先。

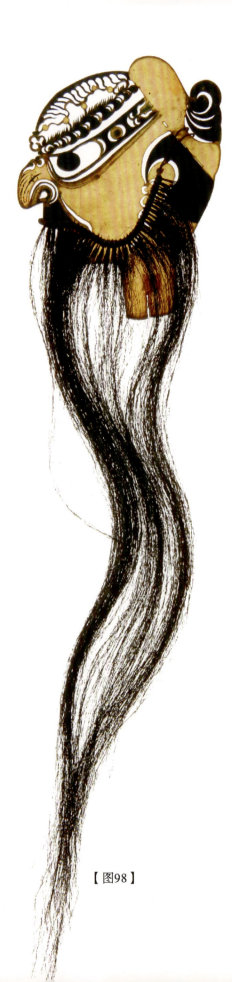

【图98】

红侉侉脸

年代： 清代
尺寸： 高37厘米，宽11厘米
质地： 牛皮

脸部勾画金鱼纹样，以黑、红二色为主，戴红扎（红胡子）。用于绿林英雄或隋唐好汉杨林之类的人物。

【图100】

【图99】

青脸粉壳壳

年代： 清代
尺寸： 高51厘米，宽11厘米
质地： 牛皮

戏曲中表现冷酷无情、阴险狡诈的人物，脸谱通常是大白脸。在皮影中就是不上色，呈现牛皮的本色。此头茬眼中刻花，眼角扫至脑后，面相森冷，挂青三须，常用于戏曲中的大奸臣曹操。

图录

黄脸头

年代： 清代
尺寸： 高50厘米，宽11厘米
质地： 牛皮

黄色在脸谱中用于表现心机深沉，善于计谋的一类角色。此头苲面涂棕黄色，立眉，挂青三须，专用于《孙膑装疯》中的孙膑。

【图102】

广成子头

年代： 清代
尺寸： 高54厘米，宽14厘米
质地： 牛皮

【图101】

红脸，挂青三须，头顶有万字纹。戴上道巾，即可用于《三闯碧游宫》中的广成子。

四川大学博物馆藏品集萃

皮影卷

皱纹粉脸头

年代：清代
尺寸：高10厘米，宽9厘米
质地：牛皮

空脸，满脸用卷云线镂刻皱纹，实心黑眼珠。用于表现奸臣，如《闹淮安》中的沈谦，《受禅台》中的华歆等。

【图103】

【图104】

一条龙空粉脸

年代：清代
尺寸：高15厘米，宽12厘米
质地：牛皮

空脸，眼刻花，"一条龙"胡须，专用于跟随奸臣的中军。

老粉脸

年代：清代
尺寸：高14厘米，宽12厘米
质地：牛皮

空脸，通常戴麻三须（花白胡须）。用于上了年纪的奸臣类角色，如《降天棚》中的张邦昌，《神龙涧》中的齐潜王，《宝莲灯》中的秦参等。

【图105】

红蝴蝶脸

年代：清代
尺寸：高14.5厘米，宽12.5厘米
质地：牛皮

【图106】

用蝴蝶纹样勾画花脸，是以蝴蝶飞舞的轻盈状象征来无影、去无踪的草莽英雄和绿林好汉之类的人物。此处红蝴蝶脸，可用于《九莲灯》中的火判。

绿蝴蝶脸

年代：清代
尺寸：高15厘米，宽13厘米
质地：牛皮

绿蝴蝶脸，实心黑眼珠。用于《还魂记》（《牡丹亭》）中的花判。

【图107】

四川大学博物馆藏品集萃

皮影卷

黑花脸头

年代：清代
尺寸：高14厘米，宽11.5厘米
质地：牛皮

黑扎（黑色短胡子），脸上画金鱼纹饰。可用于各种神将、武将。

【图108】

老头

年代：清代
尺寸：高16厘米，宽12厘米
质地：牛皮

满脸，镂空刻画皱纹、寿眉，颌下白须采用皮刻，通用于贫家老人，如《渔人得利》中的老渔翁。

【图109】

【图110】

老丑头

年代：清代
尺寸：高15厘米，宽14厘米
质地：牛皮

满脸，寿眉，眼角下垂，略有笑意，挂"一条龙"胡须（须已脱落）。通用于轻松诙谐的老头形象，如《秋江》中幽默善良的老船夫。

老丑头

年代：清代
尺寸：高23厘米，宽17厘米
质地：牛皮

白须，寿眉，星星眼，额顶有肉瘤，老丑形象。可用于《乌江亭》中的亭长，《甘露寺》中的老家院，《百寿图》中的寿星程咬金等。

【图111】

小脸子

年代：清代
尺寸：高16.5厘米，宽11厘米
质地：牛皮

戏曲中的丑角一般为滑稽搞笑、插科打诨的角色。成都皮影偶的小丑头很多，又称小脸子，一般用满脸刻阴线条表示，造型诙谐。此头茬头顶单挽丫髻，星星眼，蒜头鼻，张口露齿傻笑，用于一般小丑。

【图112】

四川大学博物馆藏品集萃

皮影卷

76

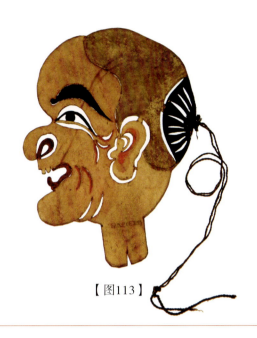

小丑头

年代：民国
尺寸：高16厘米，宽13厘米
质地：牛皮

【图113】

脑后拖一条细长的辫子，额头、鼻子、下巴三处均夸张地呈圆弧状凸起，张口露出大门牙。这种头茬专用于报子一类的过场小角色。

小脸子

年代：民国
尺寸：高16厘米，宽11厘米
质地：牛皮

【图114】

星星眼，头扣"烘笼钵钵"做的帽子，脸色发灰。用于不起眼或倒霉的小角色，如《贼打鬼》中的贼，《丑王报》中的报子。

小脸子

年代：清代

尺寸：高15厘米，宽13厘米

质地：牛皮

【图115】

　　仰天鼻，凸下巴，眼睛笑眯眯。用于表现热情善良、诙谐风趣的劳动人民，如《林要犯夜》中的林丁，《天花楼》中的万安等。

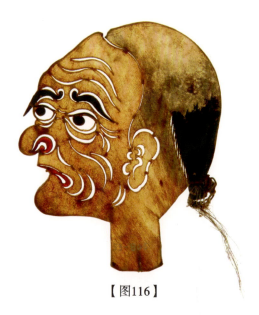

【图116】

七分面头

年代：清代

尺寸：高14厘米，宽12厘米

质地：牛皮

　　用于叫花子一类的人物，如《花子骂相》中的孙家二，《邱旺告贫》中的邱旺。此头茬造型别致，两只三白眼，一双吊梢眉，粗看为七分面（半侧脸），但是如果用手遮住他的右眼，就会发现这是一张五分面（正侧脸）。艺人利用这种方式制造出一种颇具三维感的视觉效果。类似的造型方式最早可见于东汉时期四川、陕北等地的画像砖、石。

蚕眉小脸子

年代：清代
尺寸：高15厘米，宽12厘米
质地：牛皮

卧蚕眉，桃花眼，抹白鼻子，通常下穿花褶子。用于花花公子、大小衙内、纨绔子弟等浅薄角色，如《做文章》中的徐子元，《西关渡》中的陈彩，《活捉三郎》中的张三郎。

【图117】

蛮兵头

年代：清代
尺寸：高19厘米，宽14厘米
质地：牛皮

【图118】

从汉代画像石上的图像开始，番兵番将在中国百姓心目中的形象就是高鼻深目，头戴尖帽子。此头茬头帽相连，头戴狐裘帽和螺丝盔，须眉卷曲，穿耳。穿上猫猫衣后，一般用于番兵出场。在神仙戏中，可以用来代替财神。

蛮兵头

年代：清代
尺寸：高23厘米，宽16厘米
质地：牛皮

高鼻梁，深眼窝，面部为棕黄色，络腮胡子为褐色，头戴狐裘帽和螺丝盔。

【图119】

【图120】

兵卒头

年代：清代
尺寸：高19厘米，宽17厘米
质地：牛皮

猪腰脸，头戴军盔，头帽相连。穿上军褂子，就是普通兵卒形象。

四川大学博物馆藏品集萃 **皮影卷**

上天龙头

年代： 清代
尺寸： 高18厘米，宽14厘米
质地： 牛皮

【图121】

满脸，立眉，头戴罩子巾，头帽相连。专用于皇帝出场时排朝的武将上天龙。

猫猫兵头

年代： 清代
尺寸： 高16厘米，宽13厘米
质地： 牛皮

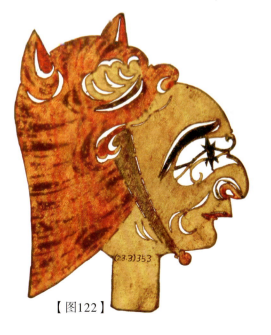

星星眼，猫猫帽，头帽相连。用于小兵丁角色。

【图122】

猫猫兵头

年代： 清代
尺寸： 高11厘米，宽12厘米
质地： 牛皮

立眉，头裹红色猫猫巾，小兵丁角色。穿上藤甲，可用于《九层楼》中打藤牌的兵士。

【图123】

砍五刀

年代： 清代
尺寸： 高13厘米，宽15厘米
质地： 牛皮

川剧弹戏《宝光寺》，又名《砍五刀》，讲宝光寺恶僧图谋一秀才的宝珠，武孝廉路见不平，拔刀相助，被恶僧擒囚进土牢。孝廉妻多谋善断，闻讯召集乡亲，以烧香为名诓开寺门，救人，杀僧，焚庙。戏中百姓以做饭的菜刀、裁衣的剪刀、做农活的镰刀、纳鞋底的锥子等为武器，令寺中恶人"当堂现彩"，故称"砍五刀"。这是成都灯影戏中特有的造型。

【图124】

砍五刀

年代：清代
尺寸：高12厘米，宽14厘米
质地：牛皮

砍五刀之一，小脸子头茬，头上所插半把剪刀和脑后又尖又细的小辫子呈一条直线，颇具匠心。

【图125】

砍五刀

年代：清代
尺寸：高11厘米，宽14厘米
质地：牛皮

砍五刀之一，清装小脸子，头插菜刀，鲜血淋漓，遮住了眼睛。

【图126】

砍五刀

年代： 清代
尺寸： 高10厘米，宽12厘米
质地： 牛皮

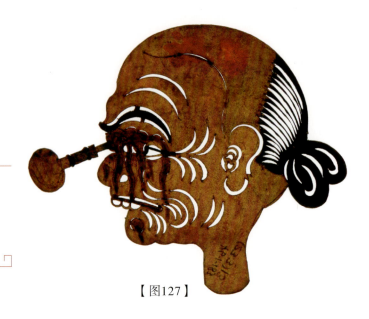

砍五刀之一，清装小脸子，眼睛里扎进了一把锥子。

【图127】

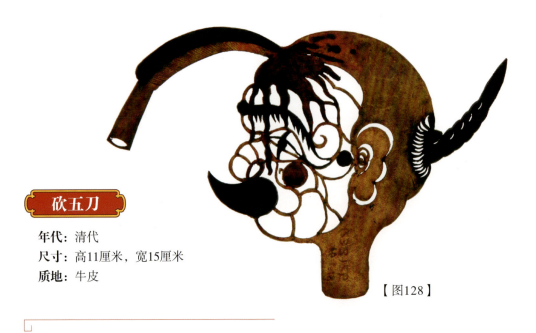

砍五刀

年代： 清代
尺寸： 高11厘米，宽15厘米
质地： 牛皮

【图128】

砍五刀之一，空脸，刻波纹线条，一撮胡须、一根辫子都高高翘起，头顶扎入一把镰刀。镰刀、辫子、胡须的弯曲弧度呼应圆满。

四川大学博物馆藏品集萃

皮影卷

二郎神头

年代：清代
尺寸：高11厘米，宽15厘米
质地：牛皮

成都灯影包册里，有一部分刻有特殊标记的，专用于某些人物的头茬。他们一出场，观众就可以对其身份一目了然。此为二郎神杨戬专用头茬。立眉、脸勾火焰纹，额有第三眼，头戴二郎叉，头帽相连。通常身穿神靠。

【图129】

【图130】

韦陀头

年代：清代
尺寸：高14厘米，宽14厘米
质地：牛皮

立眉，长眼，头戴将军盔，盔上有仙鹤、狮子。盔下戴五佛冠，头帽相连。用于《金山寺》《战南海》等戏中的韦陀。

惧留孙头

年代： 清代
尺寸： 高14厘米，宽9厘米
质地： 牛皮

满脸，鼻子上部镂空，表示川剧脸谱的白鼻子，眼部镂空刻花，胡须采用皮刻，头戴金银壳，头帽相连。此头茬为《封神演义》故事中道教神仙惧留孙专用。

【图131】

【图132】

济公头

年代： 清代
尺寸： 高11厘米，宽9厘米
质地： 牛皮

面部涂深浅不一的棕褐色，制造出满脸尘垢的效果。眼睛弯，眉毛弯，下巴圆溜溜的如同一个肉瘤，五官诙谐。头戴黑色猪腰子帽，头帽相连。专用于游戏红尘的济公和尚。

灵官头

年代： 清代

尺寸： 高14厘米，宽12厘米

质地： 牛皮

【图133】

　　头上有三只眼，瞠目张口，红头发红胡子，耳发上竖，目露寒光，细节刻画得一丝不苟，为道教灵官专用。通常身穿黄靠子，手执鞭，脚踏风火轮。

广成子头

年代： 清代

尺寸： 高20厘米，宽12厘米

质地： 牛皮

　　红脸，三眼，头帽相连，挂青三须（须已脱落）。用于广成子等道家武将。

【图134】

包拯头

年代： 清代
尺寸： 高10厘米，宽9厘米
质地： 牛皮

皮影中的包公和戏曲里的包公一样，都画黑脸或者大红脸。此为黑脸，桃形鼻，头顶日月，为包公专用头茬。

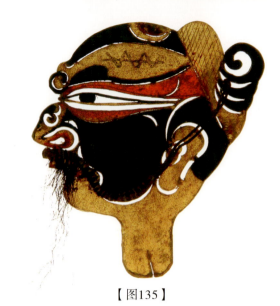

【图135】

虎人头

年代： 清代
尺寸： 高14厘米，宽12厘米
质地： 牛皮

面如老虎，眼睛虚眯成一弯新月，眼廓浑圆，正如老虎平时闭目养神的模样，口中有一颗獠牙，额头刻有"王"字。专用于《龙虎斗》中的虎将呼延赞。

【图136】

刘海头

年代： 清代
尺寸： 高18厘米，宽14厘米
质地： 牛皮

细长眼眉，张口似笑非笑，额点朱砂，头戴日月额子，为道教神仙刘海专用头茬。

【图137】

红孩儿头

年代：清代

尺寸：高19厘米，宽15厘米

质地：牛皮

【图138】

红眉横扫入鬓，额心一只金睛火眼，脸勾火焰纹，头戴虎头帽，头帽相连。此为神仙故事中红孩儿专用头荏。

【图139】

孙悟空头

年代：清代

尺寸：高15厘米，宽11厘米

质地：牛皮

猴头，圆眼，头扎紧箍咒。孙悟空专用。

达摩头

年代：清代

尺寸：高13厘米，宽14厘米

质地：牛皮

豹眼，络腮胡，卷发，头戴日月额子。达摩专用，有时也可用于铁拐李、沙僧等。

【图140】

第三类　神佛鬼怪头

　　皮影包册中，各路神佛鬼怪占据了相当大的比例。从佛教的佛祖、菩萨、罗汉、天王和各路神将，到道教的玉皇王母、文武财神、八仙端公、风雨雷电、四海龙王等各路神仙以至虾兵蟹将，再到地狱中的牛头马面、黑白无常、万千鬼怪，无所不有。他们通常披袍子，套褶子，穿蟒扎靠，身段和普通影偶身段别无二致。唯一的区别，就在于头茬。皮影艺人们在塑造这些鬼怪的头部造型时，多取材于日常生活中见到的房屋寺庙道观中的壁画和造像，其造型与民间普通百姓心目中的鬼怪模样完全一样。

【图141】

哼哈二将之"哼"头

年代：清代
尺寸：高14厘米，宽20厘米
质地：牛皮

　　《封神演义》中有两员神将，一名郑伦，能鼻哼白气制敌，故名"哼"；一名陈奇，能口哈黄气擒敌，故为"哈"，二将合称"哼哈二将"。此头茬龙头，七分面，粗眉怒目，有耳发，鼻子喷气，下面可以穿铠甲或靠子，为"哼"将。

【图142】

哼哈二将之"哈"头

年代：清代
尺寸：高12厘米，宽20厘米
质地：牛皮

　　正侧面龙头，神态威武，耳朵穿孔，戴耳环，头戴五佛冠，张口吐气，为"哈"将。

四川大学博物馆藏品集萃

皮影卷

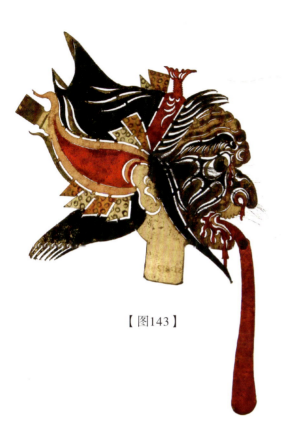

【图143】

鸡脚神头

年代: 清代
尺寸: 高33厘米, 宽19厘米
质地: 牛皮

　　民间传说中的黑白无常, 四川人称之为无二爷, 是专门拿人性命的鬼神。黑无常一脸凶相, 头戴长帽, 帽上有"正在捉你"四个字。白无常笑颜常开, 也戴长帽, 上有"你也来了"四字。四川人心目中的黑无常长着一双鸡脚, 就是通常所说的"鸡脚神"。此鸡脚神头, 面黑, 口吐长舌, 口角溢血, 头上有纸钱。

白无常头

年代: 清代
尺寸: 高22厘米, 宽15厘米
质地: 牛皮

　　面白, 挂"一条龙"胡须, 有耳发, 头顶白色高帽子, 脑后有象征冥界的纸钱。白无常专用。

【图144】

赤须火龙头

年代： 清代
尺寸： 高14厘米，宽20厘米
质地： 牛皮

【图145】

龙王是专司降雨的神。民间传说有东海、南海、西海、北海四海龙王，掌管着人间大小水域。影戏的神仙戏中经常有龙王出现，或呼风唤雨，或兴风作浪。龙王的形象通常为龙首人身，着帝王冠袍。此赤须火龙头用线精到，走刀流畅，以青、红二色为主，通过有层次的晕染制造出面部厚实的体量感。

黄龙头

年代： 清代
尺寸： 高17.5厘米，宽18.5厘米
质地： 牛皮

黄龙头，整个脸部用棕黄色，眉毛如一把倒垂的蒲扇，扇叶下一只漆黑的眼眸似掩非掩，龙须下垂，张口露齿。头戴独独冠，头帽相连。常见于各种神仙戏。

【图146】

红龙头

年代：清代

尺寸：高14厘米，宽21厘米

质地：牛皮

【图147】

胡须、眉毛、耳发皆如熊熊火焰，口吐火舌，脸部阴刻细线条，用棕、红二色晕染出龙王面部粗粝的质感。此头茬为金角老龙敖广专用，见于《白蛇传》《蜃中楼》等戏。

佛头

年代：清代

尺寸：高15厘米，宽13厘米

质地：牛皮

正侧面，形如一轮满月，螺发，鹊巢贯顶，络腮胡，眼角有细小的纹路，额头有浅淡的皱纹。这一切组合而成的面容，慈蔼寂静，为佛祖释迦牟尼专用头茬。

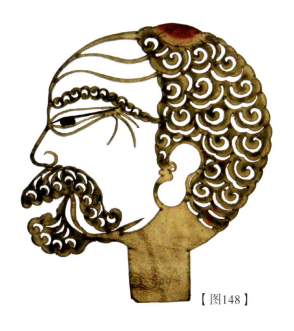

【图148】

罗汉头

年代：清代
尺寸：高11厘米，宽14厘米
质地：牛皮

鹊巢贯顶，寿眉慈目，耳朵长垂及颈。普通罗汉皆可用。

【图149】

伏虎罗汉头

年代：清代
尺寸：高15厘米，宽12厘米
质地：牛皮

粗眉，豹眼圆睁，狮环鼻，眉间穿环，用浓墨点出唇上短髯。外形如虎头，为伏虎罗汉专用。

寿星头

年代：清代
尺寸：高17厘米，宽13厘米
质地：牛皮

前额高高凸出如大鸭蛋，脑后系小巾子，两根红色巾带斜斜飘出。须眉皆白，头微微上扬，张口呵呵大笑，与下弯的眼角协调一致，是慈祥的老爷爷形象，通常用于南极仙翁和老寿星。

【图150】

【图151】

四川大学博物馆藏品集萃 **皮影卷**

长眉罗汉头

年代： 清代
尺寸： 高17厘米，宽12厘米
质地： 牛皮

正侧面，青脸罗汉，鹊巢贯顶，以脑门、额头、眉头、鼻头、下巴不同程度的凸起巧妙地构成罗汉嶙峋枯槁的面目，与脸孔的青苍色和谐呼应。用于《白蛇传》《十八罗汉收悟空》等戏。

【图152】

【图153】

金刚头

年代： 清代
尺寸： 高23厘米，宽17厘米
质地： 牛皮

神话传说中罗汉堂的四大金刚，即持国天王魔礼海，增长天王魔礼青，广目天王魔礼寿，多闻天王魔礼红，共同执掌人间"风、调、雨、顺"。皮影包册里的金刚头通常有四种颜色——青、蓝、红、黑，分别代表四大金刚，时常出现于各种神仙戏中。此为青面金刚，戴独独冠，咧口露出獠牙。

金刚头

年代： 清代
尺寸： 高20厘米，宽18厘米
质地： 牛皮

红面金刚，粗眉，呲牙咧嘴，形象凶恶。亦可用于《阴火传》中的水府夜叉。

【图154】

【图155】

金刚头

年代： 清代
尺寸： 高23厘米，宽17厘米
质地： 牛皮

蓝面金刚，耳穿环，眉形如黝深的鱼尾，下面一颗漆黑的眼珠，鼻头圆秃，脸蛋上有一团红，形象似人非人。头戴蓝色独独冠。

【图156】

金刚头

年代：清代
尺寸：高20厘米，宽19厘米
质地：牛皮

黑面金刚。穿上神靠，亦可用于《反冀州》中九尾狐的化身。

火神头

年代：清代
尺寸：高37厘米，宽11厘米
质地：牛皮

七分面，豹眼怒目，红脸红胡子。用于《金山寺》中法海和尚找来对付白娘子的火神。

【图157】

雷公头

年代： 清代
尺寸： 高21厘米，宽17厘米
质地： 牛皮

【图158】

《封神演义》中说雷震子，"面如青靛，发似朱砂，眼睛暴湛，牙齿横生，出于唇外"。成都灯影的雷震子头茬，面色涂青，长着质感如钢铁的尖壳壳嘴，眼睛圆鼓，额头第三只眼暴起，头发红如火焰，头戴独独冠，和书中刻画的形象一模一样。此头茬用于佛教故事时，则为大鹏金翅鸟的化身。

金毛狮子头

年代： 清代
尺寸： 高12厘米，宽11厘米
质地： 牛皮

金毛狮子是神话传说中佛祖、菩萨的坐骑。它有时不安分守己，化为人形，在皮影中的造型就是怪物头、人身子。此头茬豹眼，眼角有金鱼纹，头上刻有狮子图案，挂紫红色大胡子，常用于化为人形的金毛狮子吼。

【图159】

小鬼头

年代： 清代
尺寸： 高17厘米，宽12厘米
质地： 牛皮

【图160】

成都灯影多鬼戏，戏中常常出现各种小鬼。小鬼的造型通常是小脸子，头上扎着象征阴间的纸钱，身穿普通兵丁服或猫猫衣。此头茬小脸子，鼻头大而圆且夸张地上翘，眼睛斜斜向下，与鼻头的倾斜度相对应，颇有谐趣。用于《钟馗嫁妹》中的小鬼。

【图161】

小鬼头

年代： 清代
尺寸： 高16厘米，宽13厘米
质地： 牛皮

小脸子，头顶梳抓髻，用红色头绳捆扎，与脸蛋上的一团红相呼应，髻上夹纸钱。为地府中常见小鬼。

拿鬼头

年代： 清代
尺寸： 高24厘米，宽26厘米
质地： 牛皮

【图162】

拿鬼是受阎王之命取人性命，捉拿人到阴间的鬼。川剧鬼戏中常有拿鬼出场，如《情探》《石怀玉惊梦》《目连救母》等。皮影中的拿鬼头茬通常表现为凶神恶煞的鬼怪形象，头束长串纸钱，发间藏有蝎子或蜈蚣。

拿鬼头

年代： 清代
尺寸： 高24厘米，宽19厘米
质地： 牛皮

蓝面，黑耳发，与金刚头相似，但是头上扎有长串的纸钱，其中藏着一根冲天辫。用于《情探》中跟随焦桂英前去相府活捉王魁的拿鬼。

【图163】

夜叉头

年代：清代
尺寸：高17厘米，宽17厘米
质地：牛皮

夜叉是阴间的鬼差，全身皆黑，长相恐怖。皮影夜叉头茬通常刻画为骷髅头，金鱼眼，青面獠牙，火焰红发，头上长着令人不安的角。

【图164】

鬼头

年代：清代
尺寸：高22厘米，宽16厘米
质地：牛皮

张口吐舌的鬼，梳冲天髻，斜插宫花，头上有纸钱。用于《贼打鬼》，自杀后的焦桂英也可以用。

【图165】

吊毛鬼

年代：清代
尺寸：高30厘米，宽18厘米
质地：牛皮

传说中上吊自杀的人，死后会变成吊毛鬼，如《焚香记》中的焦桂英。此头荘口吐长舌，梳冲天发辫，上扎纸钱，面如锅底，用于死后化为厉鬼的焦桂英。

【图166】

鱼兵头

年代：清代
尺寸：高20厘米，宽20厘米
质地：牛皮

在皮影戏《金山寺》中，白娘子与法海斗法时，出现了各种各样的虾兵蟹将。影戏中表现这些水族，一般为人身人头，头部分别刻以鱼、虾、蟹、龟等各种动物，以示区别。此为鱼兵。

【图167】

龟兵头

年代：清代
尺寸：高20厘米，宽16厘米
质地：牛皮

龟兵。红耳发，一撮胡，头上顶着一只脖子伸得很长的黑色大乌龟。

【图168】

蟹兵头

年代：清代
尺寸：高19厘米，宽16厘米
质地：牛皮

蟹兵。面如锅底，红胡红耳发，头上顶着一只螃蟹，蟹的眼睛呈长管状夸张地凸起，两只螯足高举，粗壮有力。

【图169】

虾兵头

年代：清代
尺寸：高18厘米，宽19厘米
质地：牛皮

虾兵。有着长长的管状的眼，红耳发，头上盘踞着一只褐色的大虾，大虾长着红色的金鱼尾。

【图170】

水蛇兵头

年代: 清代
尺寸: 高14厘米,宽10厘米
质地: 牛皮

水蛇兵。青面,头发盘曲旋绕如同海草,头顶缠绕着一条暗红色的水蛇,水蛇眼睛斜视,口吐长信。

【图171】

牛头

年代: 清代
尺寸: 高18厘米,宽17.5厘米
质地: 牛皮

【图172】

牛头、马面是阴间的差役,也是勾魂使者,通常双双出现。皮影中牛头的造型通常是牛头人身,穿着普通兵卒服装。

马面

年代：清代
尺寸：高15.2厘米，宽18.5厘米
质地：牛皮

【图173】

马面是牛头的老搭档，又称马面夜叉，造型通常为马头人身。

虎妖头

年代：清代
尺寸：高15厘米，宽17厘米
质地：牛皮

红色老虎头，尖耳，口露尖细的白牙。穿上兵丁服，可用于《黑风洞》等戏中跟随妖王出征的虎头妖兵。

【图174】

狗妖头

年代： 清代

尺寸： 高11.5厘米，宽10厘米

质地： 牛皮

黑狗头，长着星星眼，狗嘴大张，狗耳上竖。穿上兵卒服，即为狗头妖兵。

【图175】

羊妖头

年代： 清代

尺寸： 高15厘米，宽16厘米

质地： 牛皮

山羊头，脸上长着黑色斑点，颌下拖着一小撮山羊胡子。穿上兵卒服，即为羊头妖兵。

【图176】

第三部分

帽 饰

　　四川皮影影偶多数为头帽分离，帽饰占了皮影包册的很大一部分。往往一张脸谱，换上不同的帽饰，就可以代表不同的角色。帽饰分为冠、帽、盔、巾等，它们是区别人物官阶和身份的主要标志之一。

　　帽的种类最多，有硬王帽、软王帽、相帽、纱帽、状元帽、罗帽、风雪帽、毡帽、红缨帽、草帽等。其中，纱帽帽翅又有斜角翅、金钱翅、海棠翅、秋叶翅等不同造型。盔多用于武将，有将军盔、帅盔、高盔、霸王盔、闯盔、猪嘴盔等。将军盔因为盔顶的动物纹饰不同，又可以细分为虎纹盔、狮头盔、龙头盔等。冠常常用于正式场合，种类有凤冠、皇冠、武冠、独独冠等。巾一般用于文官、文士和书生，有软扎巾、员外巾、公子巾、角角巾、道巾等。

【图177】

硬王帽

年代：清代
尺寸：高13.5厘米，宽13.5厘米
质地：牛皮

　　皇帝上朝时戴硬王帽。以黑纱为底，上托金龙，前有绒球，后有朝天翅，左右分挂黄色大须子。

软王帽

年代： 清代
尺寸： 高14厘米，宽11厘米
质地： 牛皮

【图178】

皇帝在宫中着便服时戴软王帽。黄底，上有云彩花卉图案，后有一对朝天翅。

金花状元帽

年代： 清代
尺寸： 高16厘米，宽19厘米
质地： 牛皮

状元帽，又称驸马套，套于黑色方纱帽之上，上有金花，后有横翅。一般用于状元打马游街，如《萧史弄玉》中的萧史，《天台山》中的刘晨、阮肇等。

【图179】

风雪大帽

年代： 清代

尺寸： 高21厘米，宽25厘米

质地： 牛皮

【图180】

在凉帽之上罩风兜，为旅行中专用的风雪帽。黑色为男子常戴；若女子出行，则戴红色风雪帽。

清代凉帽

年代： 清代

尺寸： 高14厘米，宽23厘米

质地： 牛皮

【图181】

顶戴花翎，为清装戏中官员排朝时所戴。

兰梳草帽

年代： 清代
尺寸： 高15厘米，宽20厘米
质地： 牛皮

帽顶有蓝色须子，称兰梳，下为草帽。多为商贾、乡约、里正及江湖中的草莽英雄所戴。

角角巾

年代： 清代
尺寸： 高12厘米，宽15.5厘米
质地： 牛皮

又叫公子巾、小生帽子。黑底绣花，额上有小块白玉，后拖两条长飘带。一般为秀才、文士所戴，如梁山伯、潘必正等。

松叶道巾

年代：清代
尺寸：高12厘米，宽15.5厘米
质地：牛皮

【图184】

形如方纱，上缀松叶。为道家人物所戴，如《奔月宫》中的清虚真人、紫阳真人、黄龙真人等。

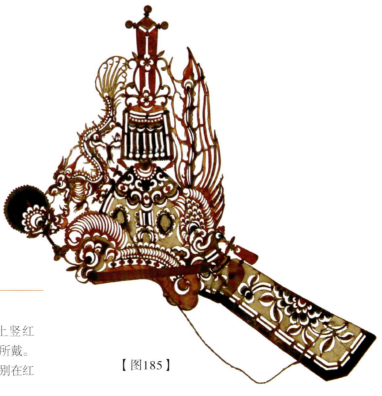

将军盔

年代：清代
尺寸：高22.5厘米，宽17厘米
质地：牛皮

【图185】

外形似钟，金色，前有绒球，上竖红缨，后面悬钟，一般为戏中将军、元帅所戴。皮影包册的将军盔通常四件为一套，分别在红缨旁刻龙、虎、狮、象几种动物形象。

将军盔

年代：清代
尺寸：高23厘米，宽17厘米
质地：牛皮

刻虎纹的将军盔。用于打虎英雄李存孝、虎将呼延赞等。

【图186】

将军盔

年代：清代
尺寸：高24厘米，宽17厘米
质地：牛皮

刻狮纹的将军盔。

【图187】

将军盔

年代：清代
尺寸：高26厘米，宽14厘米
质地：牛皮

刻象纹的将军盔。

【图188】

闯盔

年代：清代
尺寸：高24厘米，宽24厘米
质地：牛皮

【图189】

　　黑色，上面加围子，前有绒球，后面悬钟，为非正统的公侯、霸王所戴。加一支蜡，用于李闯王、霸王；加苍鹰翅，则用于周仓、朱灿。

虎盔

年代： 清代
尺寸： 高14厘米，宽29厘米
质地： 牛皮

盔为虎头形，前有大绒球，后悬钟如虎尾。为特别勇猛的武将所戴，如打虎英雄李存孝。

狮子盔

年代： 清代
尺寸： 高11.5厘米，宽18.5厘米
质地： 牛皮

盔上蹲踞狮子，前有绒球，后悬钟，刻花卉图案。用于武将，如《血带诏》中的华歆，《穆柯寨》中的穆瓜等。

【图190】

【图191】

耳钵闻

年代： 清代
尺寸： 高28厘米，宽16厘米
质地： 牛皮

耳钵闻通常为金色，形如倒置的酒斗，为古代帝王、巡按、王侯、元帅等人物使用。帽顶分别加朝天板、金包、雀顶、枪头等四种物件，代表不同的官阶。此盔上加朝天板，为玉皇、周天子等皇帝专用。

金棒槌

年代： 清代
尺寸： 高12.5厘米，宽11.5厘米
质地： 牛皮

帅盔的一种，蓝底，金色，上有大红绒球，下吊双狐尾。为番王，如《沙陀搬兵》中的李克用所戴。

金钵头

年代：清代
尺寸：高14厘米，宽14厘米
质地：牛皮

【图194】

金色，上有绒球，后加翅，上面装饰花卉图案。用于一般武将，如秦琼。

猪嘴盔

年代：清代
尺寸：高13厘米，宽13厘米
质地：牛皮

金银色，前低后高，形如猪嘴。戴在小脸子头上就是太监帽，如《长生殿》中的高力士，《血带诏》中的穆顺。

【图195】

身 段

皮影偶身段，四川话又称"把子""戳子""梢子"等，指皮影人物的身体部分，主要通过其服饰的不同加以体现。成都灯影的服饰与川剧服饰基本相同，包括各式龙袍、蟒袍、官衣、褶子、靠子、铠甲、太监衣、打衣、道袍、鬼神身段及清代朝服、时装等。蟒是帝王将相的官服，分男蟒和女蟒。男蟒雕有团龙图案，女蟒通常雕刻丹凤朝阳或二龙戏珠图案。男女蟒服的色彩都有红、黄、绿、白、黑等。靠是将士穿的铠甲，分硬靠、软靠、女靠、神靠等。各种靠的花纹都采用镂空雕刻，透过灯光照射，很有铠甲坚硬的质感。靠的装饰纹样非常丰富，有人字纹、米字纹、锁子纹、鱼鳞纹、花草纹等。颜色分黄、白、黑三种，也称金甲、银甲、铁甲。氅衣，是官员豪绅的便服，衣服上通常镂刻松、鹤、梅花、鹿及狮子滚绣球、福寿团花等传统吉祥装饰纹样。宫女的宫装、书生的褶子上一般饰有花鸟图案，如牡丹、石榴、菊花、海棠、玉兰，及鸳鸯、蝴蝶等。平民百姓和青衣的服饰通常没有花纹装饰，多为青、黑等较为纯净的素色。四川皮影的服饰用色极其讲究，色彩饱和，视觉冲击力强。

在造型上，为了充分展示服装的纽扣、结带、花纹，以及随身佩带的刀、剑等武器，艺人们采用了全侧面、半侧面和正面造型相结合的方式来弥补剪影造型的单调和不足，使服饰的外轮廓得到完整的体现，并成功地赋予影偶独特的体量感和立体感。

第一类 女 部

皮影女子身段，无论青衣还是武旦，穿蟒扎靠或是套褶子、披帔子，下身一律刻画为两只大大的裤管，再下则为三寸金莲；两腿并拢则显示为百褶裙样式（仅有少数采桑女子、小旦着紧窄的裤装）。金莲通常为尖头弓鞋，长度和人物手指的长度一样。手掌较男子手掌窄，五指纤纤，四指并拢，与大拇指分开雕刻，掌心穿一个铁丝环，用以连接操纵杆。女子服饰上一般雕刻有各种花草图

女红蟒

年代： 清代
尺寸： 高53厘米，宽16厘米
质地： 牛皮

蟒袍男女都能穿，是正式场合所穿的礼服，有多种颜色。此为女红蟒。圆领大袖，下有摆翅，胸前饰蟒纹，腰束玉带。为王妃、国太、诰命夫人等所用。

【图196】

【图197】

女白蟒

年代： 清代
尺寸： 高52厘米，宽15厘米
质地： 牛皮

白色蟒袍，胸前、衣袖皆饰蟒纹，此外还有海水、团花、串珠等纹样。一般为女官排朝时所用。在神仙戏中，观音大士也经常身穿白色蟒袍。

女蓝褶子

年代：清代
尺寸：高51厘米，宽15厘米
质地：牛皮

褶子是中国戏曲舞台上最常用的服装。这件蓝褶子，大襟小领，红蓝亮绿，饰以各种花卉纹样，为花旦、摇旦等旦角所用。

【图198】

女花褶子

年代：清代
尺寸：高46厘米，宽11厘米
质地：牛皮

黄地紧身褶子，遍饰通草纹，下着裤，裤筒紧窄，为年龄较小的小旦或劳作中的采桑女子穿着。

【图199】

【图200】

女蓝帔

年代： 清代

尺寸： 高51厘米，宽14厘米

质地： 牛皮

　　帔通常为性情端庄的青衣或沉稳安静的中年妇女穿着。此件蓝帔，对襟大领，蓝地起大红牡丹花，经常用于正旦或员外婆婆。

女红帔

年代： 清代

尺寸： 高52厘米，宽14厘米

质地： 牛皮

　　大领对襟，红地起青色花卉图案，下着浅杏黄裙子，为正旦在喜庆日子所用。

【图201】

【图202】

女黑帔

年代：清代
尺寸：高56厘米，宽15厘米
质地：牛皮

　　玄色帔子。白领缘，白袖缘，腰间系素白带子，为苦情戏中青衣所穿，如《打雁回窑》中的柳迎春，《回煞》中的刘十四。

【图203】

女道帔

年代：清代
尺寸：高52厘米，宽14厘米
质地：牛皮

　　青色女道袍。对襟，袍身刻菱格纹，袖刻团花纹样，挽袖为正红色，中束黄色腰带，为尼姑、道姑日常穿着。

红女官衣

年代：清代
尺寸：高52厘米，宽26厘米
质地：牛皮

官衣形制大体如蟒袍。此红官衣，大襟，前胸缀补子，中束玉带，为女官、诰命夫人和宫中采女正式场合穿用。

【图204】

女腰裙

年代：清代
尺寸：高51厘米，宽15厘米
质地：牛皮

小领，短襦衫，下连长裤、战裙，多用于女兵。剧中旦角作行装打扮时亦可穿用。

【图205】

女光身子打衣

年代： 清代
尺寸： 高52厘米，宽13厘米
质地： 牛皮

在四川皮影剧《雷峰塔》中，法海将白蛇收服于雷峰塔底。青蛇与红蛇为了报仇，率众水族攻进西天雷音寺，裸身攻上莲台，破如来禅机。这是四川地区"白蛇传"故事中特有的情节。艺人们为了表现这一场景，特别制作了这种女子所穿的赤裸上身的打衣，仅见于成都灯影。

【图206】

骑马女将身

年代： 清代
尺寸： 高54厘米，宽42厘米
质地： 牛皮

战马为正侧面，女将穿靠，正面坐于马鞍上。只需插上戴翎子的刀马旦头茬，就可用于樊梨花、穆桂英等女将出场。

【图207】

第二类 男 部

从样式、颜色、图案纹饰来看，成都灯影男子和女子的服饰区别并不大，各类蟒袍、褶子基本上男女可混穿，尺寸也差不多。艺人们要区分男女性别，不至于将一个旦的头套进男身子，只需要注意裙下的鞋。凡是男子，皆为大脚，脚上或套短靴，或着方口布鞋、草鞋，或套高筒战靴；而女子即便是武装打扮，依然为三寸金莲。

【图208】

八卦衣

年代： 清代
尺寸： 高53厘米，宽13厘米
质地： 牛皮

黄地右衽，用纤细的线条满刻梅花连续纹样，前胸、袖口、下摆装饰八卦图案。此为李老君等道君设法场时所穿的八卦衣。

【图209】

道帔

年代：清代
尺寸：高57厘米，宽15厘米
质地：牛皮

　　男道帔与女道帔外形无区别，皆为广袖对襟，中间束带。此道帔蓝青色地，饰菱格纹和花草纹，为道士日常穿着，如《三闯碧游宫》中的广成子，《八仙上寿》中的韩湘子等。

【图210】

白蟒

年代：清代
尺寸：高56厘米，宽16厘米
质地：牛皮

　　白色蟒袍，饰海水姜牙龙纹，中束玉带。穿白蟒的大都是年少英俊的人物，如周瑜、吕布、马超等。另外，岳飞、杨延昭等中老年将领，虽然上了岁数，戴上了胡须，但是由于年轻时英姿飒爽，有时也穿白蟒。

红蟒

年代：清代

尺寸：高54厘米，宽17厘米

质地：牛皮

红色蟒袍，束玉带，垂帨。红蟒表示庄严端重，由地位仅次于皇帝的王侯、宰相，或元帅、钦差大臣以及驸马一类角色穿用。如三国戏里的曹操、刘备，统帅三军的韩信，做了驸马的陈世美、杨四郎等。

【图211】

鸳鸯褶子

年代：清代

尺寸：高55厘米，宽15厘米

质地：牛皮

川剧舞台上的鸳鸯褶子通常为两层，外层色绿，内层色红，走路或摆动身段时下面的红色褶子常常翻起来，花哨而轻浮，时常用于花花公子，或风流潇洒的男性人物，如《红梅阁》中"摘梅"一出的裴禹，《玉簪记》中"偷诗"一折的潘必正，《连环计》中"小宴"一场的吕布等。皮影偶的鸳鸯褶子直接刻画出两种颜色，一半色红，一半色绿。

【图212】

蓝褶子

年代： 清代
尺寸： 高55厘米，宽14厘米
质地： 牛皮

斜襟左衽，蓝地绣花。多用于有文采的清俊书生，如《柳荫记》中的梁山伯，《幽闺记》中的蒋世隆。

【图213】

清装书童夹

年代： 清代
尺寸： 高56厘米，宽13厘米
质地： 牛皮

红褶子，蓝马甲，下套红裤。用于清装戏中的小书童。

【图214】

孝衣

年代：清代
尺寸：高56厘米，宽15厘米
质地：牛皮

用皮子的本色制造出白色麻衣的效果，腰结麻绳。为守孝男子所穿，如《刘氏四娘》中闻母丧的傅罗卜，《碧血十族恨》中以孝服入朝的方孝孺。

【图215】

清装补褂

年代：清代
尺寸：高56厘米，宽18厘米
质地：牛皮

黑地对襟，前胸绣补子，项挂朝珠。为清装戏中官员排朝时穿用。

【图216】

图录

红帔

年代：清代
尺寸：高54厘米，宽29厘米
质地：牛皮

外形与女帔无区别，对襟，绣团花。多用于剧中小脸子、老丑类角色。

【图217】

【图218】

黑靠

年代：清代
尺寸：高56厘米，宽19厘米
质地：牛皮

靠子又名铠甲，是戏中男女武将常用的服装。分前后两片，绣鱼鳞纹，腹部有一大的虎头图案，鼻穿一环，环下吊红缨，凸起名"靠肚"，俗称"吞口"。左右腿有腿靠各一片。靠子颜色各异，共计"一堂"。此黑靠刻画不避繁琐，雕绘虎头、鱼鳞、花草图案等，显得人物身板厚重，膀阔腰圆。常用于张飞、关羽、项羽等武将。

须子铠

年代： 清代
尺寸： 高46厘米，宽14.5厘米
质地： 牛皮

外形如靠子，周边有排须，为武将、校尉、偏将等所穿。"一堂"有红、白、绿、黄等几种颜色。此须子铠黑色，用于性情刚直的正派武将。

【图219】

龙箭

年代： 清代
尺寸： 高57厘米，宽18厘米
质地： 牛皮

武将的箭衣，形制为大襟、小领、马蹄袖。此箭衣上绣龙纹，故称"龙箭"，广泛用于皇帝、太子及周瑜、吕布、陆逊等武将。

【图220】

【图221】

军褂袍子

年代：清代
尺寸：高47厘米，宽15厘米
质地：牛皮

对襟无袖褂子，胸前有护心镜，下连黑色战裙，系腿靠，着高筒战靴。为将领在战场上厮杀时穿用，如《红鬃烈马》中的薛仁贵，《定军山》中大战曹军的赵子龙。

虎皮夹夹

年代：清代
尺寸：高48厘米，宽42厘米
质地：牛皮

黄色虎皮纹对襟无袖褂子，下着红裤，套高靴。身躯精干，为孙悟空所用，有时也可用于普通兵卒。

【图222】

年代： 清代
尺寸： 高56厘米，宽18厘米
质地： 牛皮

大袖对襟，衣素无纹，胸前有一护心镜，上面写一"兵"字，专用于普通兵卒。

【图223】

光身子打衣

年代： 清代
尺寸： 高55厘米，宽14厘米
质地： 牛皮

上身赤裸，下束绣花战裙，着靴，有腿靠。为作战将领所用，如《梵王宫》中的花荣，《李陵饯别》中的李陵。

【图224】

笑头和尚衣

年代：清代
尺寸：高35厘米，宽12.8厘米
质地：牛皮

【图225】

对襟兽毛衣，下穿草鞋，扎腿靠，手拿蒲扇。为笑头和尚专用，此角色通常在过场戏中耍着狮灯出现。

第五部分

人物神怪造型

除了大量可以分段组合，用于出场表演角色的人物神怪之外，灯影戏班还会根据不同剧目的需要，刻制一些特殊的人物造型和神怪造型，如衙役、无常鬼、番使、阴阳界小鬼、灵官、千手观音、计机鬼等等。这类固定的造型并非戏中的主要角色，他们多数不能自由活动，表演各种情态动作，只是作为补充的配景，随时用于舞台填空。这类影偶通常身后都连着一根命棍，在需要的时候由表演者临时提调上场，和完全固定在幕布上的布景道具有所区别。

衙役

年代：清代
尺寸：高46厘米，宽12厘米
质地：牛皮

穿兵褂子，头戴军盔，肩扛"回避"牌，身量较小，为县官开堂时排堂用的衙役。人物用整皮雕刻而成。自上至下，军帽为七分面，头为正侧面，身子为七分面，从而丰富了细节，使得影偶具有一种特殊的体量感。

【图226】

衙役

年代：清代
尺寸：高47厘米，宽33厘米
质地：牛皮

头戴军盔，身穿绣花兵褂子，下束战裙，扎腿靠。右腿直立，左脚脚跟微微抬起，身子前倾，表现出欲行走的动势。肩上扛着"赐封"牌，为排堂时站班的衙役。

【图227】

【图228】

猴子道班

年代：清代
尺寸：高30厘米，宽16厘米
质地：牛皮

猴头人身，头戴凉帽，身穿黑色右衽长衫，手拿板子，为《西游记》中花果山上美猴王排堂时的二堂之一。

驿丞

年代： 清代
尺寸： 高37.5厘米，宽10.3厘米
质地： 牛皮

小脸子，一撮胡，头戴"桃儿纱"，身穿圆领大襟红色官衣，手拿折扇。专用于管理驿站的驿丞。

【图229】

番使

年代： 清代
尺寸： 高39.3厘米，宽17.5厘米
质地： 牛皮

七分脸，狐裘帽，绑腿，背背篓，用于《太白醉写》《汉宫秋》等戏中五方外邦前来进贡的番使。进贡的物品被形如兵丁的番使装在背篓里背在背上，这也是民间艺人的"想当然耳"。

【图230】

阴阳界地官

年代： 清代
尺寸： 高24厘米，宽13.3厘米
质地： 牛皮

脸部为七分面，阳红，阴黑。胡子一边白一边黑，衣服一边红一边黑。为阴阳界地官，摆十殿时用。见于《南华堂》《目连传》等戏。

【图231】

红拂女

年代： 清代
尺寸： 高66厘米，宽15厘米
质地： 牛皮

细口弯眉，头戴风雪帽，身穿绣花红腰裙，下系青色绣花裤，三寸金莲。专用于《夜奔》中从杨素府中出走投奔李靖的红拂女。（此影偶可自由操纵）

【图232】

四川大学博物馆藏品集萃 皮影卷

【图233】

一把伞

年代：清代
尺寸：高36厘米，宽10.5厘米
质地：牛皮

清装小脸子，穿青布贫家衣，套方口布鞋，紧扎裤腿，手举一把伞（伞已缺损）。用作布景。

阴阳界小鬼

年代：清代
尺寸：高44厘米，宽13.5厘米
质地：牛皮

耳发竖立，肩扛三叉戟，左手握着一条小蛇。上身赤裸，腰间裹一条红裙，身后拖着尾巴。全身九分面造型，上身不能动，小腿可以动。为布景用的阴阳界小鬼。

【图234】

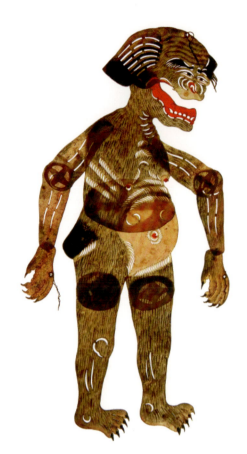

【图235】

人熊

年代：清代
尺寸：高46厘米，宽14厘米
质地：牛皮

　　七分面。全身长毛，肚大如箩，似熊似人的怪物。用于《沉香救母》《黑风洞》《三闯碧游宫》等神话戏。

长臂鬼

年代：清代
尺寸：高80厘米，宽20厘米
质地：牛皮

　　俗称"计机鬼"。全身赤裸，做蹲踞状。蓬头，瞠目，露齿，口吐长舌，手臂为身长的四倍，形象丑陋凶悍，是地狱的鬼怪，有时也用于道长长春子"打变化"。此鬼怪正面造型，左右依中轴线完全对称，此类对称构图在影偶造型中颇为少见。

【图236】

千手人

年代：清代
尺寸：高39.5厘米，宽34厘米
质地：牛皮

多用作十八臂观音，脸部为正旦头茬，采用正侧面造型。身子为正面，十八条手臂分别持斧钺、风火轮、拂尘、宝瓶等法器，下着红色套裤，裸足。用于《白蛇传》《香山记》《观音得道》等戏。

【图237】

第六部分

动物造型

皮影戏由于平面化、剪影化的特点，最擅长演出神仙道化戏、各类传说和寓言故事，因此需要大量的动物角色。成都灯影戏班包册里，动物造型占据了相当大的比例。它们或为出场的主角，或用作神仙的坐骑，或为妖怪变化之用。不论是来自现实生活中的鸡、鸭、牛、马、孔雀、蛇、螃蟹、乌龟，还是生活中从来没有出现过的龙、凤、麒麟、独角兽，艺人们都能将自己的主观想象与现实生活、图谱程式与日常所见结合起来，创造出适合于影戏表演的各种动物形象。这些动物造型往往不拘比例，有的头大身小，眼珠圆睁，有的形体圆浑饱满，雄健有力，有的色彩艳丽异常，有的造型几何抽象。不论采用哪一种方式，在影幕上总能活灵活现，栩栩如生。

【图238】

独角兽

年代：清代
尺寸：高34厘米，宽39.5厘米
质地：牛皮

中西方都有独角兽的传说，其共同特征是头顶一只单角。中国神话中的独角兽是吉祥之物，只有在履行重要使命时才会出现。这只独角兽为正侧面造型，外形如狮子，见于《红龙岭》，在《黑风洞》等戏中也用于"打变化"。

四川大学博物馆藏品集萃

皮影卷

狮子

年代：清代
尺寸：高26厘米，宽55厘米
质地：牛皮

【图239】

七分面青狮，全身分为八个关节，大嘴可以张合，尾巴可以动，四足可以奔跑。用于《十王图》《诛仙阵》《黑风洞》《海口阵》等戏。在《收金犼》中，艺人们用这种狮子来代替犼。

青狮

年代：清代
尺寸：高46厘米，宽75厘米
质地：牛皮

【图240】

正侧面青狮，用连环串珠纹、火焰纹、花瓣纹制造出满身鬃毛的效果。常用作文殊菩萨的坐骑。

四不像

年代：清代
尺寸：高52厘米，宽69厘米
质地：牛皮

【图241】

龙头，牛蹄，狮尾，身上的鳞片是用半圆形的錾子（俗称"浅指甲壳"）一个一个錾出来的。此为神兽四不像，姜子牙坐骑；亦可用于"打变化"；有时也代替麒麟出场。

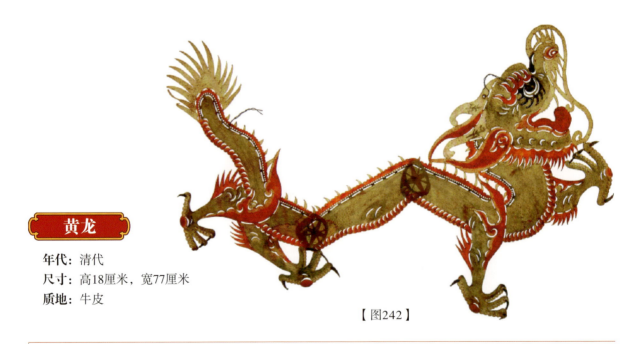

黄龙

年代：清代
尺寸：高18厘米，宽77厘米
质地：牛皮

【图242】

龙头硕大，全身呈黄色，鳞片为深红色，上身最为粗壮有力。整体分六个关节，用两根竹竿来操纵，活动自如。此为龙王原型，在《白蛇传》等戏中"打变化"用。

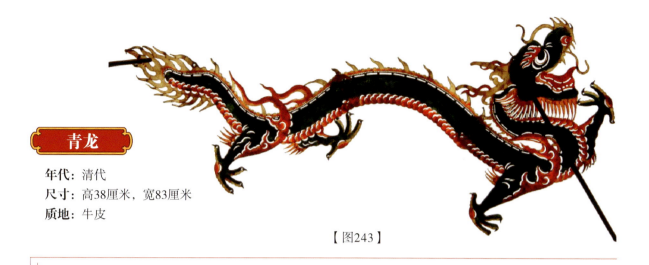

青龙

年代：清代
尺寸：高38厘米，宽83厘米
质地：牛皮

【图243】

全身分三节，躯干为深青色，鳞甲为深红色，强烈的色彩对比制造出悦目的视觉效果。为龙王原型，在神话戏如《龙虎斗》《降天蓬》《诛仙阵》《黑风洞》等戏中"打变化"用。

火龙

年代：清代
尺寸：高42厘米，宽92厘米
质地：牛皮

【图244】

火龙，口含龙珠，全身分三个关节，身长近一米，须发、鳞甲、龙爪等的雕刻极为精细，气势不凡。为东海老龙王敖广"打变化"用。

青虾

年代： 清代

尺寸： 高20厘米，宽52厘米

质地： 牛皮

【图245】

青虾，有纤柔的长须，强壮而夸张的足，妙曼的红色鱼尾。整皮雕刻，不能活动，用于《白蛇传》《蜃中楼》等戏中水族出场，或虾妖"打变化"时用。

红鱼

年代： 清代

尺寸： 高25厘米，宽69厘米

质地： 牛皮

【图246】

龙头鱼身的鱼妖，全身分三个关节，头尾活动自如。鱼身刻画最见功力，鳞片用半圆形浅指甲壳（刻皮影的一种特殊工具）依次行刀，细节交代极为清楚。鱼背与鱼鳍的结合处采用针刺的技法，增加了变化。这条红鱼体型庞大，用于《阴火传》《通天河》《凌云渡》等戏。

大龟

年代：清代

尺寸：高25厘米，宽68厘米

质地：牛皮

【图247】

青色大乌龟，全身分两个关节，出场时艺人用一根竹竿拉动其长颈细头，伸缩自如，颇有趣味。用于神话戏中龟类出场。

螃蟹

年代：清代

尺寸：高14厘米，宽19厘米

质地：牛皮

【图248】

螃蟹，蟹族的代表。正面造型，深褐色，全身分三节，两只大螯，八只蟹爪上下伸缩即可前行。《凌云渡》《雷峰塔》等戏中"打变化"用。

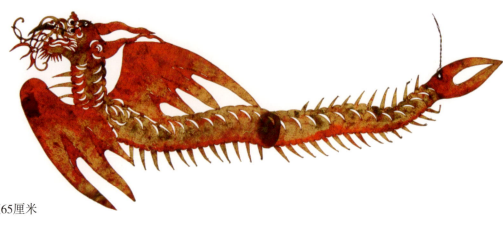

双翼蜈蚣

年代：清代

尺寸：高25厘米，宽65厘米

质地：牛皮

【图249】

龙的头，蜈蚣的身子，鸟的双翼，可以在空中自由滑翔。用于《黑风洞》中"金鸡啄蜈蚣"及《蜈蚣旗》等戏。

凤

年代：清代

尺寸：高56厘米，宽77厘米

质地：牛皮

凤凰，全身分九个关节，其中头部四个关节最为灵活。羽毛以青、红二色为主，颇为华丽。在聊斋故事《痴儿配》中，天仙青鸾与赤凤相爱，违犯天条，被贬至人间。青鸾化为痴儿，赤凤被锁进山崖，两不相闻。后得千年狐妖相助，历尽艰辛，有情人终成眷属。此凤凰用于戏中赤凤"打变化"。此外，在《开黄窑》中，萧史吹箫引来的也是这样一只凤凰。

【图250】

双头鸡

年代： 清代
尺寸： 高17厘米，宽34厘米
质地： 牛皮

【图251】

褐色鸡妖，双头，共用一个身子，全身分为九节。在《黑风洞》等戏中"打变化"用。

雄鸡

年代： 清代
尺寸： 高23.5厘米，宽19厘米
质地： 牛皮

仰头打鸣的雄鸡，造型写实。专用于《目连传》"耿氏上吊"一节中，出场的棺材上站立的雄鸡。

【图252】

鸡

年代：清代
尺寸：高36厘米，宽52厘米
质地：牛皮

　　毛色艳丽如同凤凰的公鸡。鸡头上鲜红的鸡冠、脖子下沉重的鸡嗉、脚掌心肥厚的肉垫都刻画得非常生动，源自艺人对日常所见细致入微的观察。

【图253】

驴

年代：清代
尺寸：高57厘米，宽47厘米
质地：牛皮

　　黑驴，两耳上竖，背鞍负轭，整装待行。背上鬃毛的刻画*丝丝*不苟，最是用心。用于《墨鹿报》（《鱼鳞剑》中一场）中出场的墨鹿，也可作为《钟馗嫁妹》中钟馗小妹的坐骑。

【图254】

【图255】

象

年代： 清代

尺寸： 高47厘米，宽64厘米

质地： 牛皮

白象，以火焰纹为装饰。用作普贤菩萨坐骑，也用于《黑风洞》《大舜耕田》等戏。

老虎

年代： 清代
尺寸： 高48厘米，宽95厘米
质地： 牛皮

【图256】

　　金色，全身共分八节，足可行走，尾如钢鞭，大口能开合自如。用于《武松打虎》《打虎收孝》等戏中出场的大老虎。

青蛇

年代： 清代
尺寸： 高14厘米，宽143厘米
质地： 牛皮

　　墨绿身子，红色鳞片，龙头，蛇身分十二节。为《凌云渡》《断桥》等戏中小青"打变化"用。

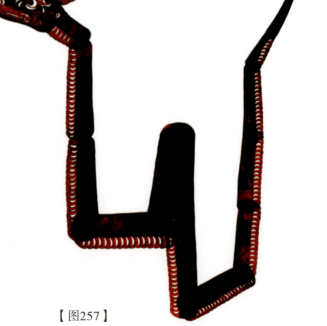

【图257】

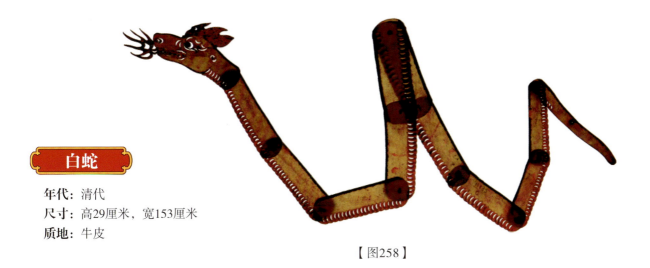

年代： 清代
尺寸： 高29厘米，宽153厘米
质地： 牛皮

【图258】

白蛇，头如龙头，口吐火焰，蛇身分十一节，身长五尺有余。为《白蛇传》中白娘子"打变化"用。

仙鹤

年代： 清代
尺寸： 高44厘米，宽45厘米
质地： 牛皮

白色仙鹤，用皮子的本色，采用阴线刻和黑色线描绘出丰满的尾羽，腹部细绒毛的雕刻也颇为精致。鹤为太乙真人的坐骑，也用于《鹤蚌相争》《盗仙草》等戏。

【图259】

绿鸭

年代： 清代

尺寸： 高35厘米，宽38厘米

质地： 牛皮

绿鸭，尾羽染以靛蓝。身子为一节，头两节，双足共四节，头颈可以自由伸缩，双足可以到处走动。用于《陆亚仙射死赵公明》一戏。

【图260】

孔雀

年代： 清代

尺寸： 高75厘米，宽62厘米

质地： 牛皮

蓝孔雀，全身共分七节，头足可动。用作《封神演义》等戏中云霄娘娘坐骑。

【图261】

【图262】

金狮犬

年代：清代
尺寸：高32厘米，宽54厘米
质地：牛皮

全身红色，狮头，犬身，身上有火焰纹。专用于《刺野猫》一戏。戏中高辛帝身边的金狮犬为天上金童下凡，变作武士助高辛帝杀死乱臣熊霸，后得赐四妃。在《封神演义》等戏中，金狮犬也可以代替狐妖出场。

道具布景

戏曲舞台都有布景，不论繁简，其目的全在于点缀环境、衬托人物和深化剧情。皮影戏中的道具布景与传统戏曲舞台布景有两大区别：其一，影戏布景不受舞台客观条件的限制，不仅可以表现戏曲舞台上所有的景物，还可以表现戏曲舞台上不能出现的景物和形象，比如腾云驾雾、上天入地、人妖变化、地狱火海、飞禽走兽等；其二，在表现形式上，影戏布景由于受到屏幕二维空间的限制，必须采取平面造型，以便和影人造型协调统一。

四川皮影戏和川剧一样，布景相对简单，较少有北方皮影那样宏大的场面，而是由整张牛皮刻制而成的景片子。尽管如此，必需的道具依旧门门俱到，广泛涵盖了车马船轿、室内陈设、生活用具、旗伞仪仗、兵器武库、亭台楼阁等各种类别。室内陈设最为多见，细分就有各式椅子、凳子、桌子、花架、书架、盆景、衣架、床、窗子、帘幕等等。针对不同的戏，还需要准备一些特殊的道具，如演出《大劈棺》需要棺材，演出《望春楼》需要汤圆担子，演出《反冀州》需要为苏妲己雕刻华丽的平床，演出《诛仙阵》需要刻制一种特殊的阵门……民间艺人总是能将他们对生活的体察、认知和民众的审美情趣结合起来，创造出的这些布景道具，往往同时散发着浓郁的乡土韵味和浪漫主义气息。

神仙朵子

【图263】

年代: 清代

尺寸: 高68厘米,宽68厘米

质地: 牛皮

　　皮影戏中,佛、菩萨和各路神仙出场时,经常脚踏祥云,凌空而至,统称神仙朵子。这是皮影戏班的重要包册。这件神仙朵子为二郎神斗四海龙王。二郎神面色赤红,三眼炯炯有神,右手持鞭站立云头之上,其下围绕着四海龙王,龙头人身,袍服花纹用极细的线条勾画,身子和云朵融在一起,给人眼花缭乱的感觉。整张朵子用整皮雕就,走线有条不紊,密而不乱。

【图264】

阵门

年代：清代

尺寸：高67厘米，宽50厘米

质地：牛皮

用于《碧游宫》一戏中的诛仙阵。戏中通天教主率七仙摆阵困住广成子，姜子牙得老子、元始天尊及接引、准提二道人相助，成功破阵，救出广成子。

风火蒲团

年代：清代
尺寸：高37.5厘米，宽33厘米
质地：牛皮

四个小鬼下身穿皮裙，赤裸着上身站在太湖石上，奋力托举着一块蒲团；蒲团上有太极阴阳八卦图案。这是神仙戏中观音、太上老君、南极仙翁的坐席。

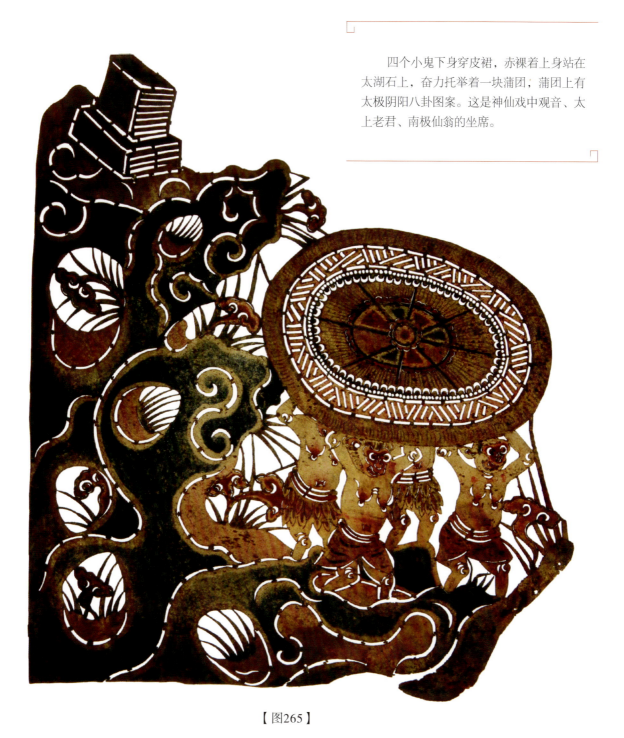

【图265】

海水

年代：清代
尺寸：高72厘米，宽217厘米
质地：牛皮

　　用于《雷峰塔》一戏中。法海与白娘子斗法，水淹金山寺，众水族在海水簇拥下出场。这段海水长两米有余，几乎和影幕的长度一致。艺人们用不断重复的放射状弧线，成功制造出海潮汹涌、巨浪滔天的效果。

【图266】

莲台

年代：清代
尺寸：高141厘米，宽61厘米
质地：牛皮

　　莲花座，座底有四名裸身蓬发小鬼奋力扛举，周围装饰火焰宝珠纹。上有华盖，盖顶云端上有佛教护法神大鹏金翅鸟，鼓张双翼叱咤而下。此莲台用作佛祖、观音座席，有时也用作《降天蓬》《凌云渡》《朱紫国》等戏中的金銮宝座。

【图267】

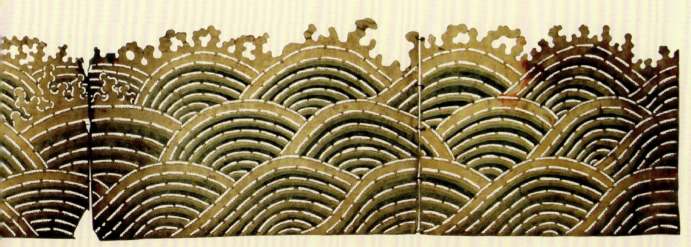

海龙

年代：清代
尺寸：高40厘米，宽46厘米
质地：牛皮

赤须火龙吐火腾飞于海水之上，为神仙戏中布景。艺人用细致的线条和精准的颜色过渡，刻画出海龙密实的龙鳞、遒劲刚硬的龙爪、粗壮有力的龙尾，隐现于汹涌的万顷碧波之中，气势如虹。

【图268】

雷峰塔

年代：清代
尺寸：高123厘米，宽30厘米
质地：牛皮

塔高四层，下起于高台，上有宝珠顶，塔檐挂风铃，塔门的乳钉清晰可触。此为皮影艺人心目中镇压白娘子的雷峰塔。在《凌云渡》中，白娘子之子许仕林祭塔时也可以出现。

【图269】

【图270】

城门

年代: 清代

尺寸: 高68厘米, 宽92厘米

质地: 牛皮

这种城门在战城戏中通用, 既可以是《空城计》中诸葛亮摆的空城, 也可以用作《古城会》中关羽、张飞相会的古城, 《南阳关》中韩擒虎捉拿武云召的城关。在演出影戏时, 如果没有城门, 艺人们也常用牙帐或桌椅来代替。

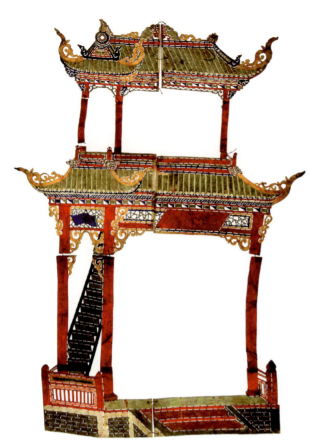

楼阁

年代：清代
尺寸：高161厘米，宽115厘米
质地：牛皮

双层楼阁，雕梁画栋，金碧辉煌，底层有楼梯通上层。通用于一切需要楼阁出现的戏，如《蜃中楼》《望春楼》等。在皮影鬼戏中，阎王的地狱法庭也采用这样的楼阁建筑。

【图271】

【图272】

棺材

年代：清代
尺寸：高31厘米，宽58厘米
质地：牛皮

　　黑边，棺身刻画褐色木纹。用于《下河南》《白罗帕》等有棺材出现的戏。在《南华堂》"劈棺"一折中，假死的庄周就躺在这具棺材里出现在影幕上；《目连传》"耿氏上吊"一折中，上吊的耿氏旁边，也放置着这样一具棺材。

书房摆景

年代：清代
尺寸：高55厘米，宽33.5厘米
质地：牛皮

霁红蕉叶纹长颈瓶内插着牡丹花，兽首熏炉里熏着香，假山盆景中榴花开得正好。书架上停着两只鸽子，给安静的景致平添了几分生气。这类书房陈设常用于戏中小姐闺房。

【图273】

【图274】

书房摆景

年代：清代
尺寸：高58厘米，宽28.5厘米
质地：牛皮

瓶花、盆景错落放置，两只小兽攀援在架上。常见的书房和厅堂陈设。

盆景

年代： 清代

尺寸： 高51厘米，宽33厘米

质地： 牛皮

哥窑炉里插着一枝妖娆的红梅，下层是假山兰花盆景。书架旁的蜡台上，一支红烛烧得正旺。专用于冬天夜晚的书房摆设。

【图275】

盆景

年代： 清代

尺寸： 高55厘米，宽30厘米

质地： 牛皮

瓶花与盆景高低错落放置，香炉内一柱线香，一只小兽半藏身于花盆后，仰头向后探看。为一般厅堂陈设。

【图276】

书架

年代：清代

尺寸：高94厘米，宽44厘米

质地：牛皮

多宝格，有书册若干，瓶花、香炉和提梁壶错置。用于普通书房摆设。

【图277】

【图278】

五蝠捧寿椅

年代：清代
尺寸：高29厘米，宽14.7厘米
质地：牛皮

红色靠背椅。足、扶手为张翼飞翔的蝙蝠，靠背正中透雕一"寿"字。整体造型空灵剔透，为老太君，老太爷所坐的五蝠捧寿椅。

龙椅

年代：清代
尺寸：高30厘米，宽21厘米
质地：牛皮

靠背椅。正面造型，对靠背、椅面、扶手和足部都做细致的刻画，搭脑、扶手、椅足均雕成龙形，色彩以青、红、褐三色为主。是皇帝专用的龙椅。

【图279】

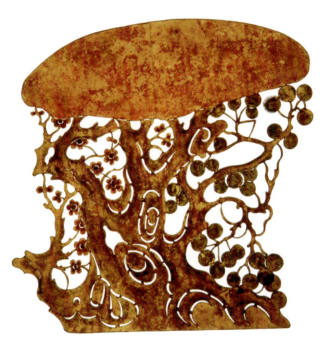

【图280】

凳子

年代：清代
尺寸：高23厘米，宽22厘米
质地：牛皮

梅花凳。常用于小生或正旦在花园中闲坐。

武场

年代：清代
尺寸：高56厘米，宽23厘米
质地：牛皮

武场即兵器架，上有剑和印，印装在囊匣中。元帅专用，一般放在弓马桌旁边。

【图281】

弓马桌

年代：清代
尺寸：高24.2厘米，宽25厘米
质地：牛皮

川剧舞台上最常见的桌子即为弓马桌。正方形，中挂鸳鸯绣花桌帷。为了比较完整地展示一张桌子，皮影艺人们采用了多视角透视的方法，在一张皮子上刻画了两根桌子腿，一个桌面，一个搭着桌帷的侧面，以及桌脚之间空透的一部分。这种结构的桌子在影幕之后的灯光照射下，往往呈现出独特的三维效果。

【图282】

汤圆担子

年代：清代
尺寸：高36厘米，宽21厘米
质地：牛皮

四川民间常见的走街串巷叫卖的汤圆担子。下有炉子和煽火的蒲扇，中间有抽屉，上面堆着待下锅的汤圆，旁边有碗，架子上挂着筷子筒，里面插满筷子。

【图283】

汤圆担子

年代： 清代
尺寸： 高27厘米，宽15厘米
质地： 牛皮

汤圆担子。《望春楼》中的沈二所用。

平床

年代： 清代
尺寸： 高40厘米，宽68厘米
质地： 牛皮

【图284】

又称"炕床"，上蒙虎皮，旁边有一床锦缎褥子，床下有踏脚凳。为《反冀州》中苏妲己所用。

【图285】

桥

年代： 清代
尺寸： 高40厘米，宽89.5厘米
质地： 牛皮

三洞石拱桥，桥身镂刻出砖砌的效果，桥上有雕花护栏板。桥洞中有海水涌过，水面上有鱼、螃蟹等水族。用于《断桥》《十五贯》《会缘桥》等戏中布景。

【图286】

梅花树

年代：清代

尺寸：高75厘米，宽52厘米

质地：牛皮

枝干虬曲，花开繁密。用于《牡丹亭》等戏中花园布景。

【图287】

芭蕉树

年代： 清代
尺寸： 高123厘米，宽70厘米
质地： 牛皮

太湖石上，一株杏树含苞待放，其旁有一棵芭蕉树，树干挺直，蕉叶阔大。用于《拜月亭》等戏中花园布景。

【图288】

槐树

年代： 清代
尺寸： 高125厘米，宽41厘米
质地： 牛皮

褐色大槐树，树冠如云。用于《槐荫会》《槐荫别》，或《目连传》中火烧葵花时布景。

【图289】

四川大学博物馆藏品集萃

皮影卷

柳树

年代： 清代
尺寸： 高69厘米，宽36厘米
质地： 牛皮

【图290】

垂柳，枝叶参差披拂，长垂及地，柳叶用青、褐二色晕染出层次，叶脉用墨笔勾画。用于长亭送别等场景。

第八部分

影 卷

成都灯影抄本和川剧手抄本多有相似，书面格式常有定规。清末抄本，材料一般为宣纸，裁成约30开大小，线装规格。书写采用竖行格式，纸张封面一般标注有剧目、卷数，有的还有戏班或抄写者姓氏名号，如"XX记"字样，以表明所有权。每页多为8行，每行书写24字左右，一页通常容纳140～190字，念或唱的时间平均为3分钟。影卷均以毛笔抄写，字体较大，以便于艺人观看。每本影卷约60页，连台本剧目高达十几本甚至几十本一卷。一本的演出时间，短的不过半小时，长的有两个多小时。就其书面特征来看，这些手抄本影卷存在诸多共性：其一，存在大量的错字、别字。其二，除了词文以外，还有一些关于人物唱、念、上场、下场等特殊的注记和符号。其三，剧本中一般不标明声腔板式及音乐变化。

《越府盗绡》

年代： 清代
尺寸： 高22厘米，宽13厘米
质地： 纸本

抄本。封面有题名，款落"润身抄"，钤印两枚。凡14页，每页8行，每行24字左右。

《越府盗绡》又名《盗红绡》，取材于唐人小说，承袭明传奇《昆仑奴剑侠成仙》，川剧、京剧都有此剧目。此本讲唐代书生崔天祥拜访郭子仪，与郭府歌伎红绡一见钟情，临别时红绡以手语示意，崔天祥的仆人昆仑奴猜中红绡哑谜，是夜潜入郭府盗出红绡，成就二人姻缘。

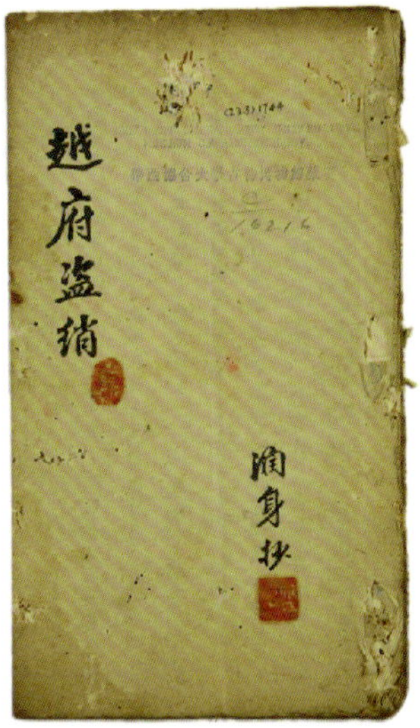

越府盜蹗

潤身抄

【图291】

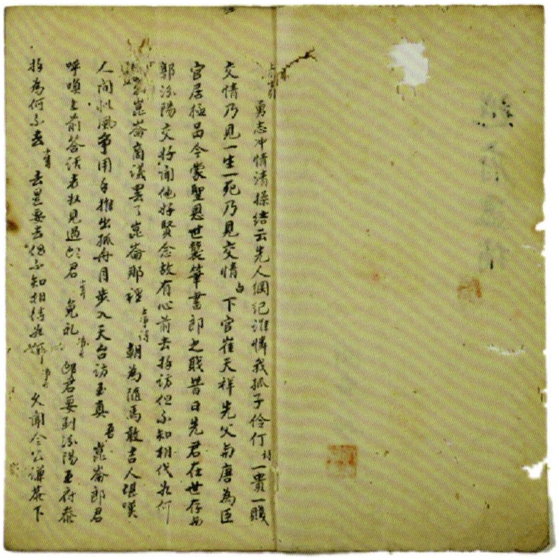

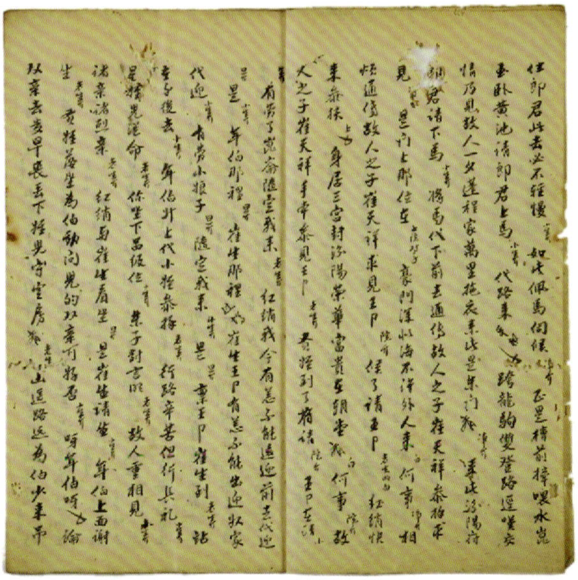

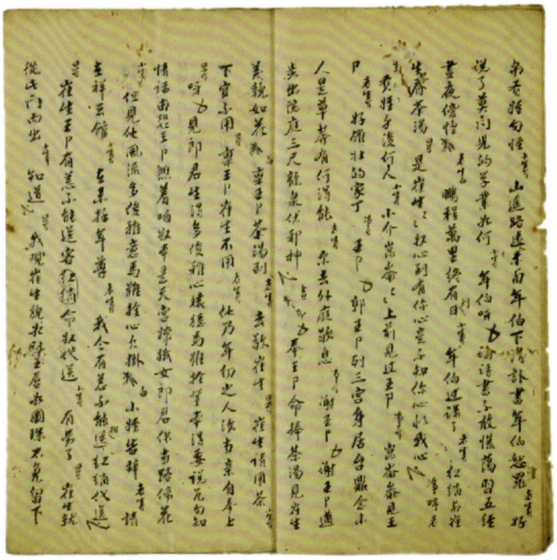

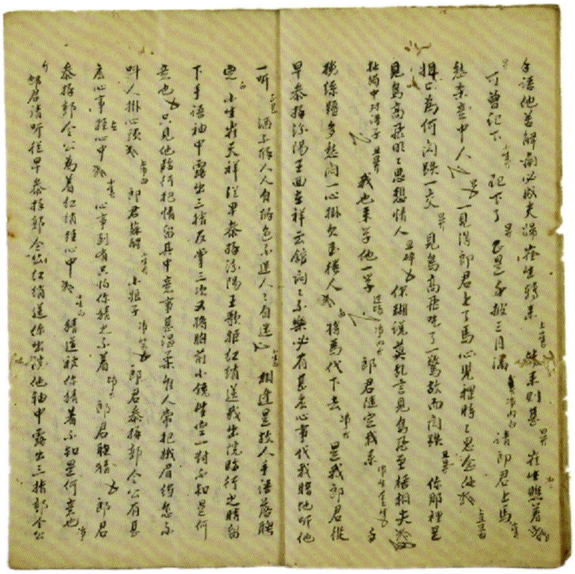

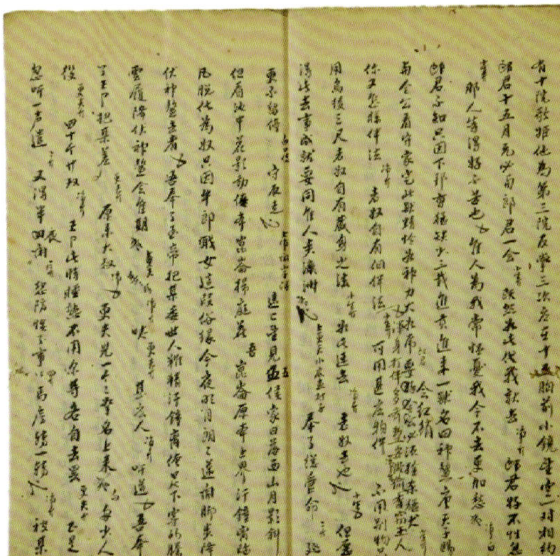

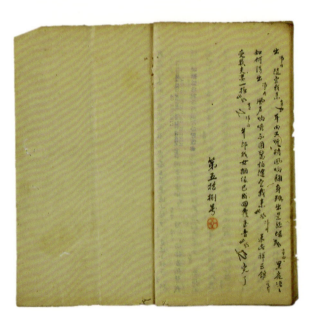

《焚绵山》

年代：清代
尺寸：高24.6厘米，宽16厘米
质地：纸本

抄本。封面有题名，款署"润身识"，钤印一枚。凡18页，每页8行，每行23字左右。

《焚绵山》又名《火焚绵山》，事见《左传·僖公二十四年·介之推不言禄》，元代狄君厚有杂剧《晋文公火烧介之推》，后川剧、汉剧、桂剧、河北梆子、同州梆子、京剧等也有此剧目。此本讲晋臣介子推随晋公子重耳出亡十九年，重耳复国后，大封功臣，介子推未受封赏，偕母隐居绵山。邻居解张代写怨词张贴于朝门，重耳亲往访请，欲火烧绵山逼介子推出见。大将魏犨惧介子推功高，四面放火，将其母子二人烧死。

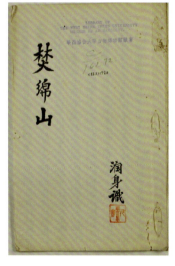

【图292】

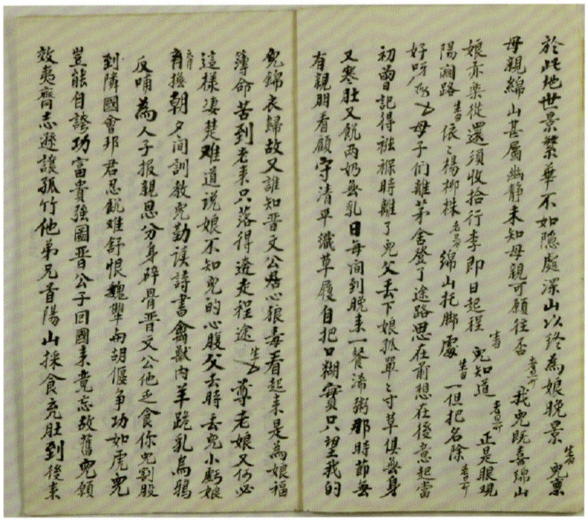

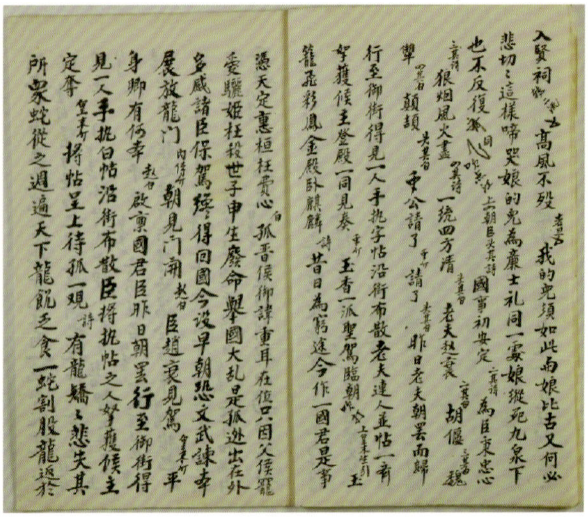

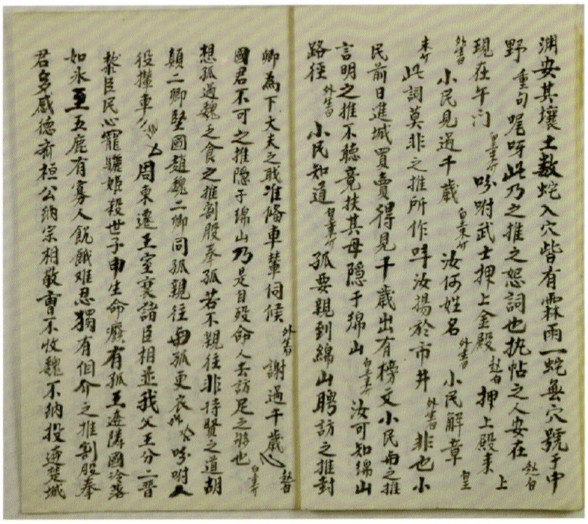

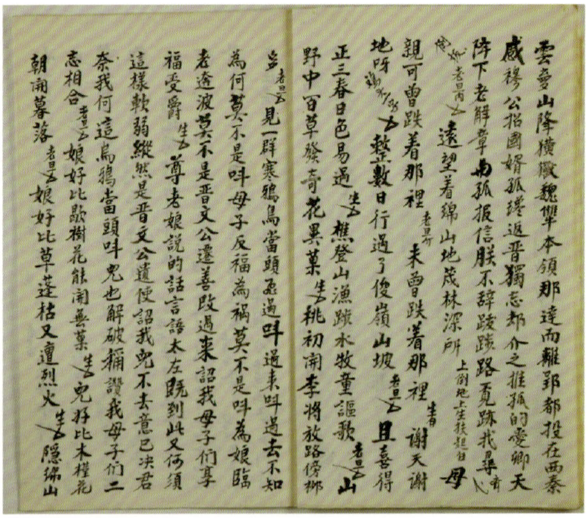

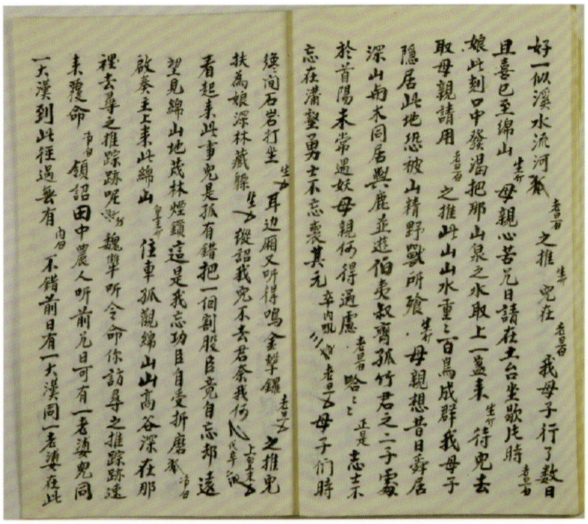

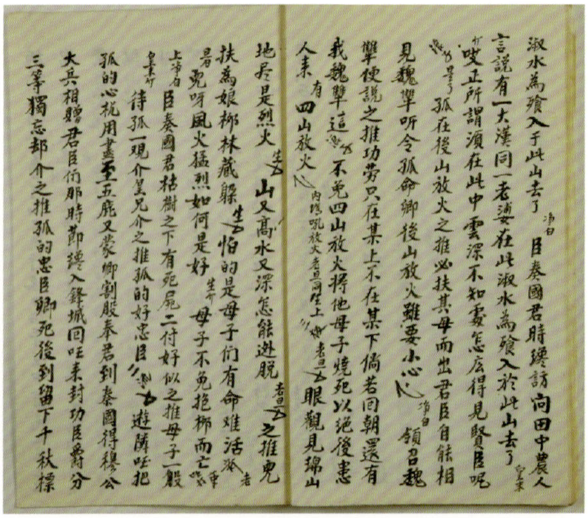

《败荥阳》

年代： 清代

尺寸： 高26厘米，宽16厘米

质地： 纸本

抄本。封面题名"败荣阳"，"荣"字误，当为"荥"。凡39页，每页8行，每行24字左右。

《败荥阳》取自《三国演义》，此本讲董卓逼汉献帝迁都，火焚洛阳。袁绍率诸侯大军进驻。曹操领兵追讨董卓，兵败荥阳。进驻建章宫的孙坚部下于一枯井女尸项下发现锦囊，内有传国玉玺。坚得玉玺，从程普计，称病脱离袁绍大军。绍令荆州刘表半路截堵，不获，坚顺利返回荆襄。

【图293】

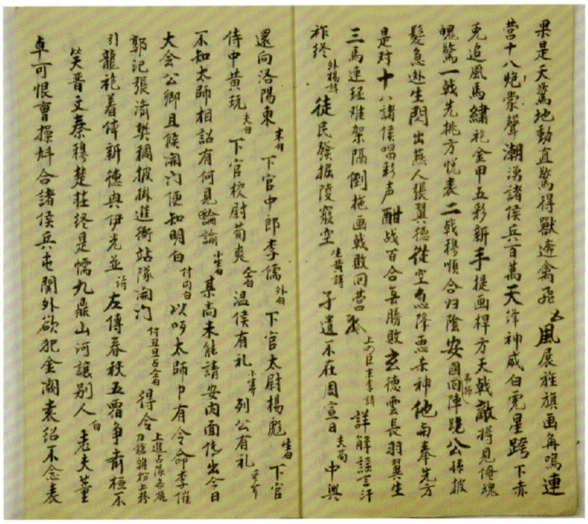

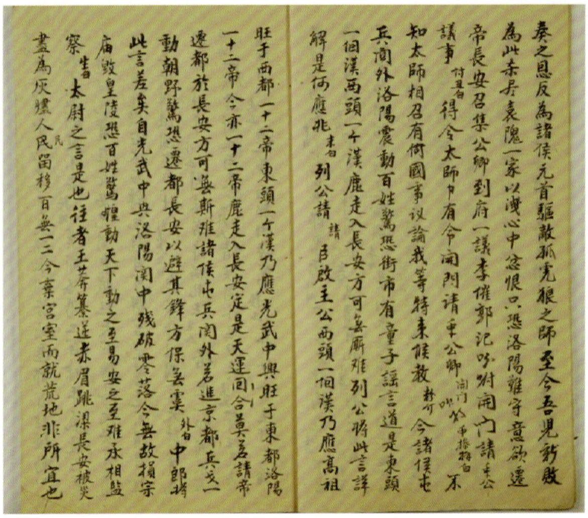

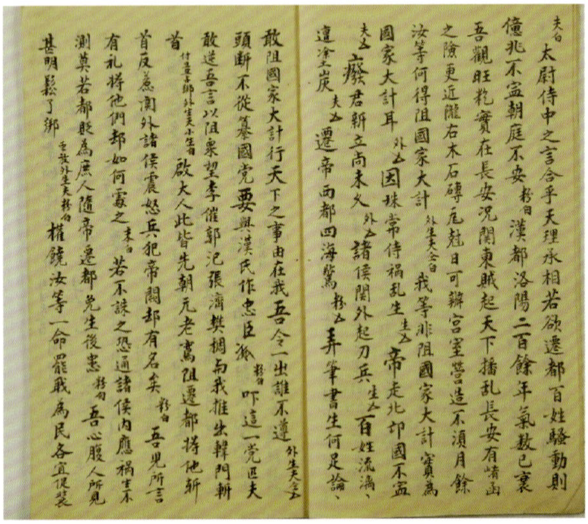

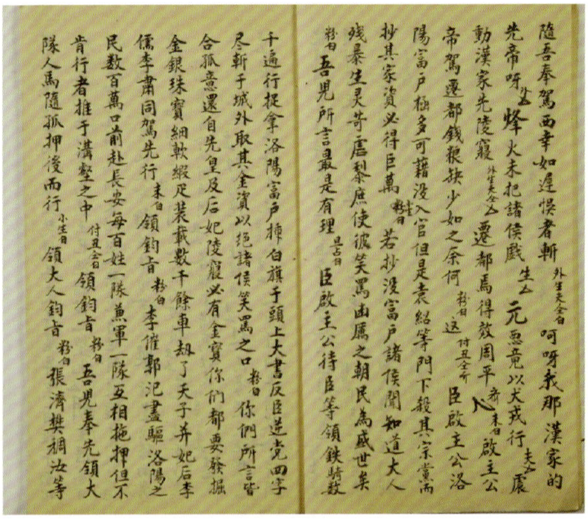

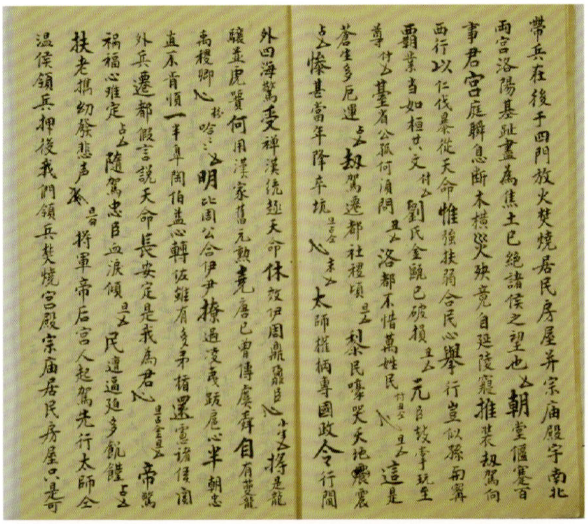

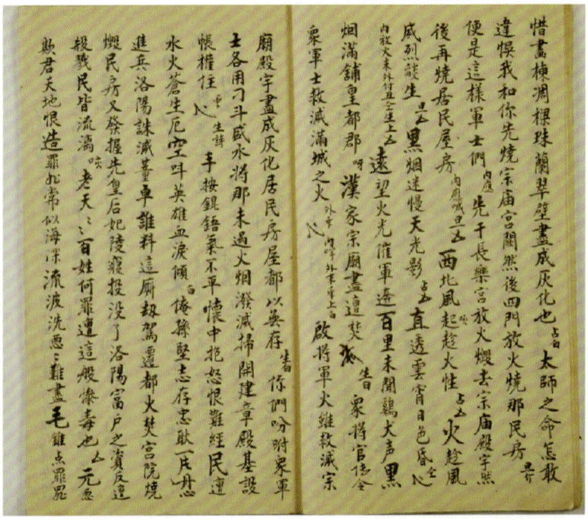

何潜独智恢伏神京兵

外省曹孟德心焦乱此行必散兵

侯勿勤尔住人马曹操若勝一齐进兵曹操再諸退取

诸公所言有理傳令衆諸侯都下营寨者

而逐贼計深

逆光岂少智謀人兵

里勤艳権村

根荣阳太守連催徐荣杀兵

太师爷

姓霉骹城外号哭之聲竟列天明李郭二位将军催馬起行

百姓哭之嘘

一晚来日便行

儒行杂

都以进追应必有追兵

公可令徐太守領兵埋伏荣阳城外山塌之旁若有追兵起行

都放过温侯诸党依然杀敗太守拿令後来兵

不敢復追

当光

何呀原来是曹洪賢弟到此救我兵

却連快走

奈何

也卓主公快行追兵更来兵

渡河飲曹之去往

如今已是傷河鳥救兔鳳傷奔騰兵

脫

賊向河追追弗赶必是曹仁曹洪保主公渡岸

三更天畫

血往逃生死生

此不能活矣

我何你却速赶上前去乍么呪声震耳如雷迅来兵

进兵吾望杀竟大敌军逆从此诸侯尽鳥心兵

天畫伏兵

乃贼自孔融呂布民连杀宗西连楚京城一空

曹记高祖起郡破泰滅宫寺国政卓贼遷

阳光武復更大漢周東忠雅除簒弒曰

偏残星大滅贼起千井中

有五色毫光起于井中

吩附点上两個大把那一胆大的下得井去探着

你下去探得明白上来重有賞

此付近要杀绝兔拴在我的膝上

看我们晚得饭放兵

将军启将军小的下井不曾見着

的死尸

好乾得骅你再生升主公把那死尸

知道再来放了扰兵

軍兵身上来兵

菜来項带

扭開视之来日兵

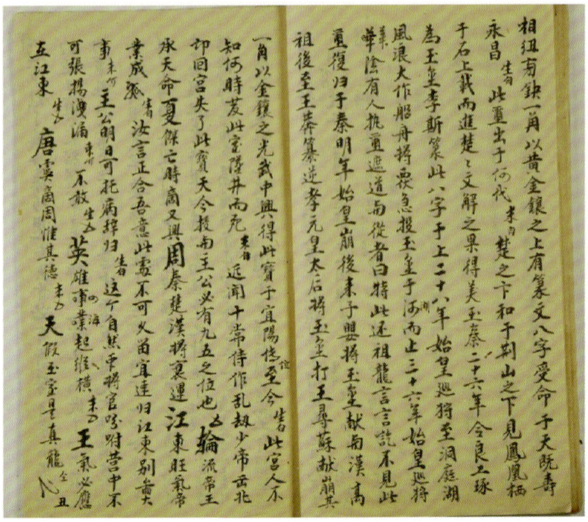

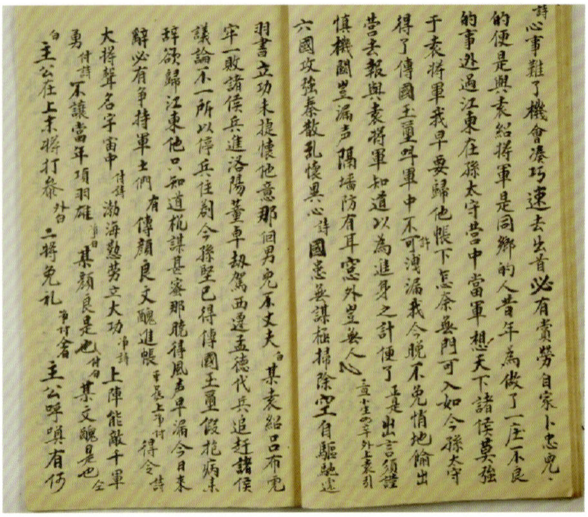

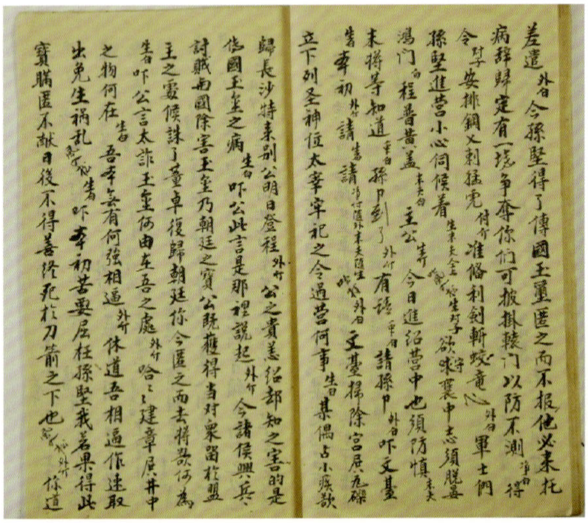

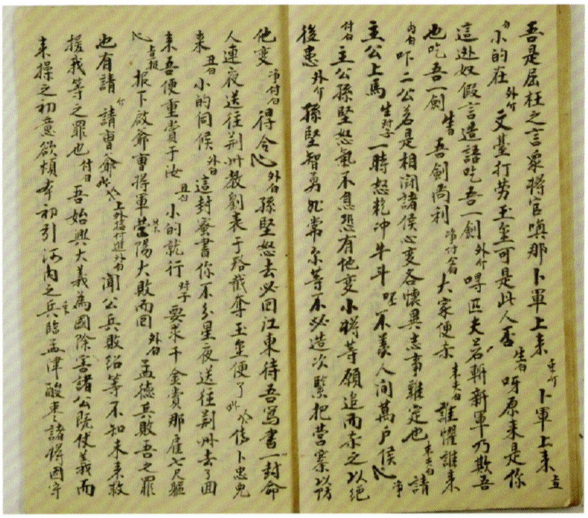

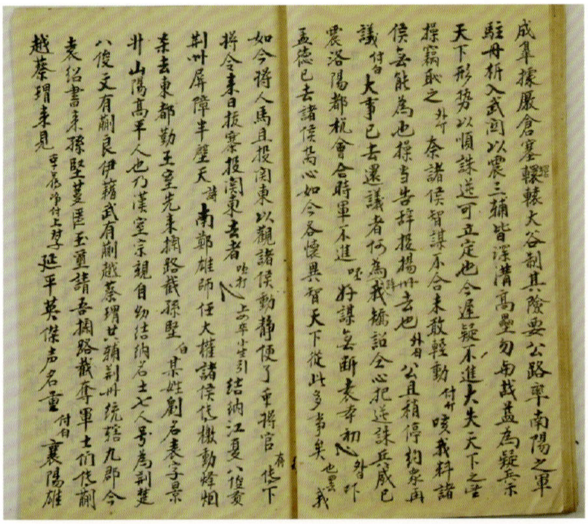

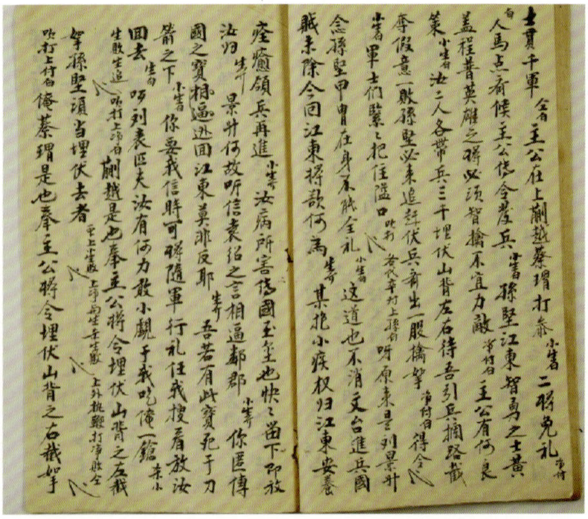

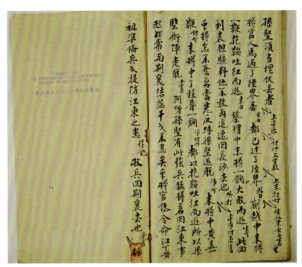

《五雄图》

年代： 清光绪十四年（1888）

尺寸： 高24.5厘米，宽15.5厘米

质地： 纸本

清光绪十四年抄本。凡38页，每页8行，每行18字左右。

《五雄图》讲西晋故事，分上下两本，此为上本。西晋惠帝宠爱西宫王妃，不理朝政，起用叛贼，远离忠臣。众臣入宫劝贾后进言，贾后闯西宫，棒打王妃，误伤惠帝。帝欲将贾后斩首，适大臣王在田觅得娴雅端庄的民间女子潘定金进献，帝龙颜大悦，赦贾后，封潘美人于桃花宫。此剧仅见于川剧，他剧所无。

【图294】

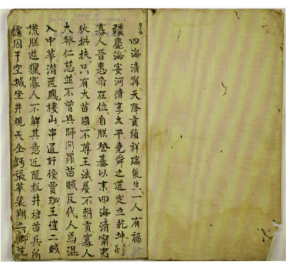

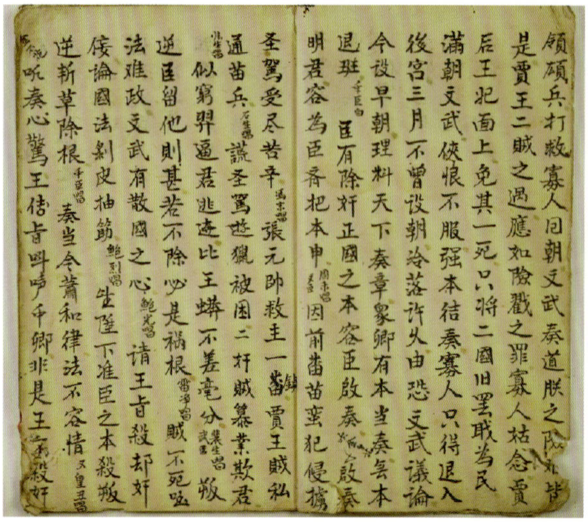

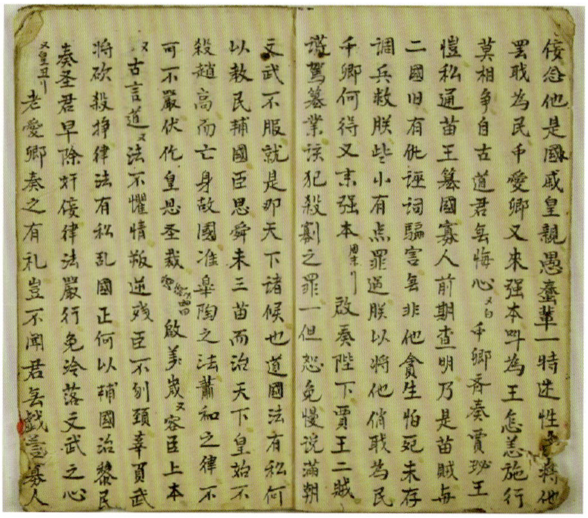

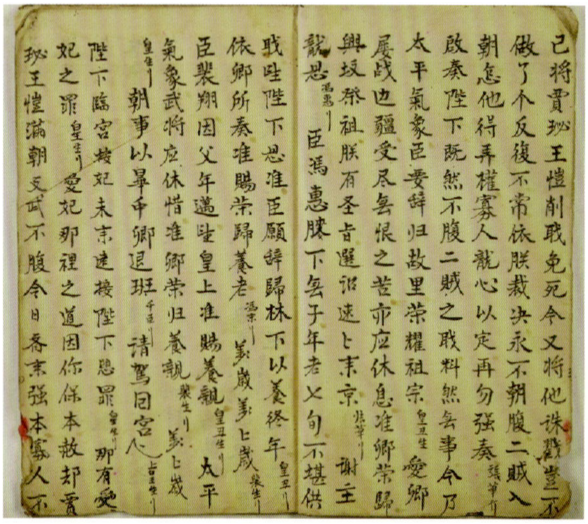

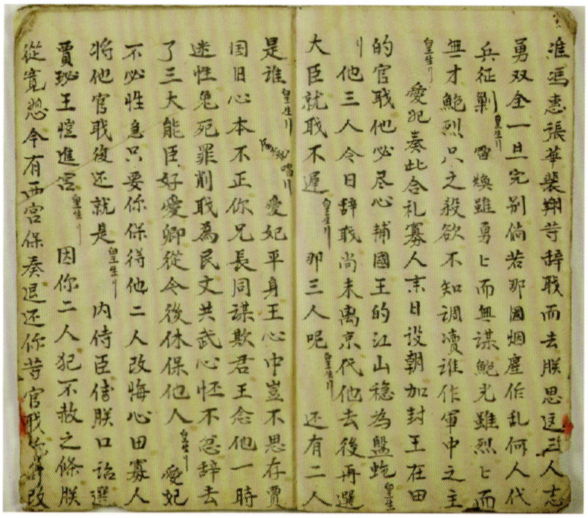

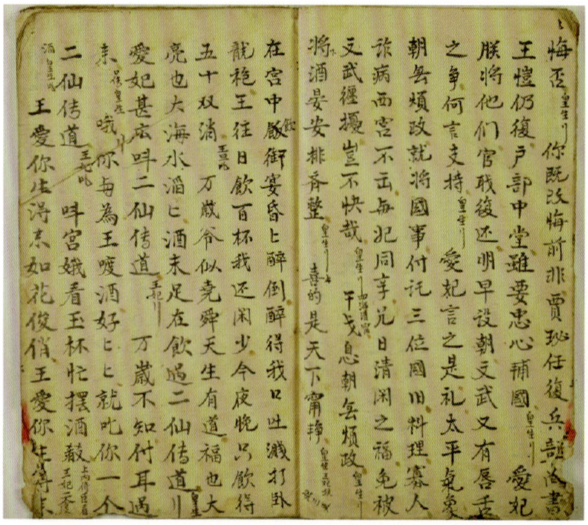

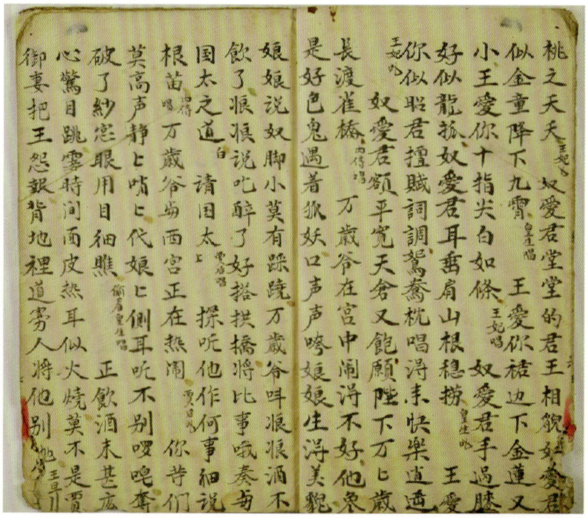

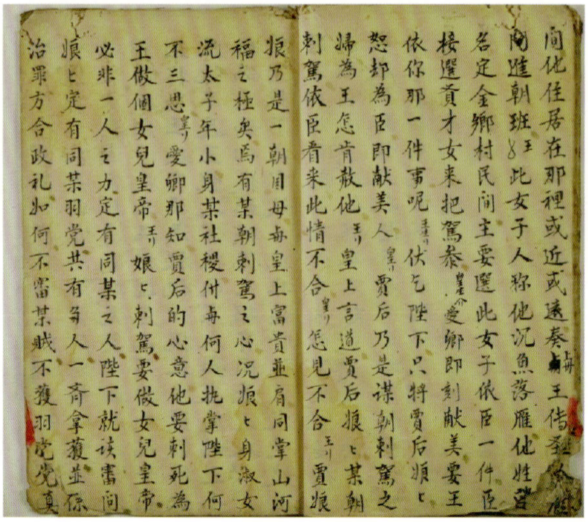

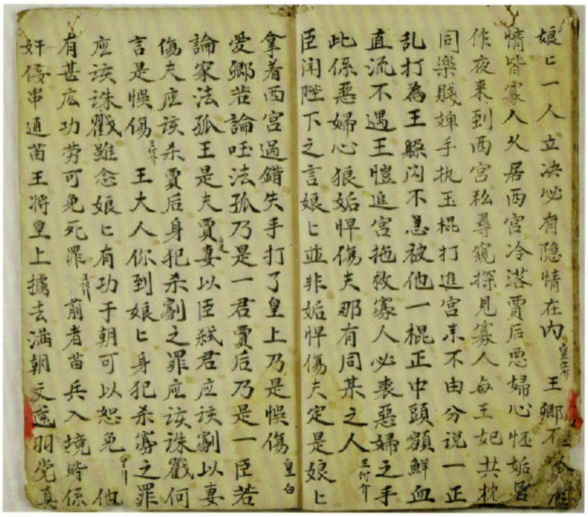

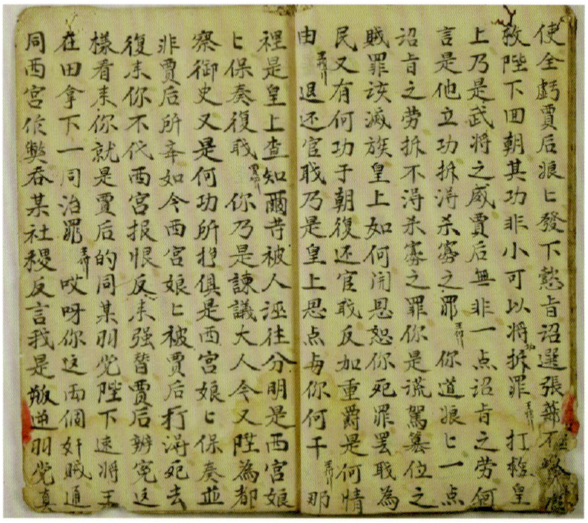

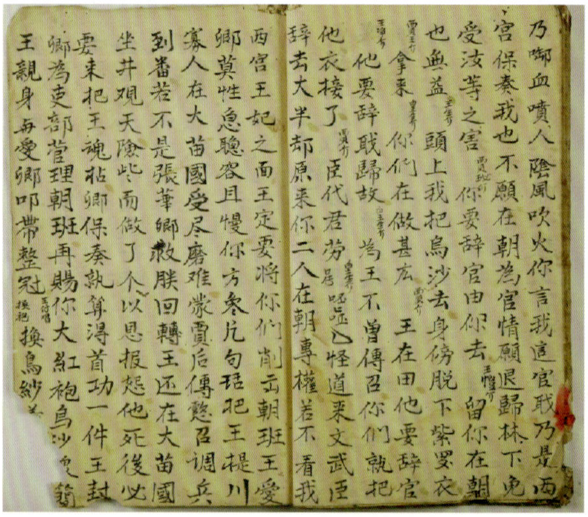

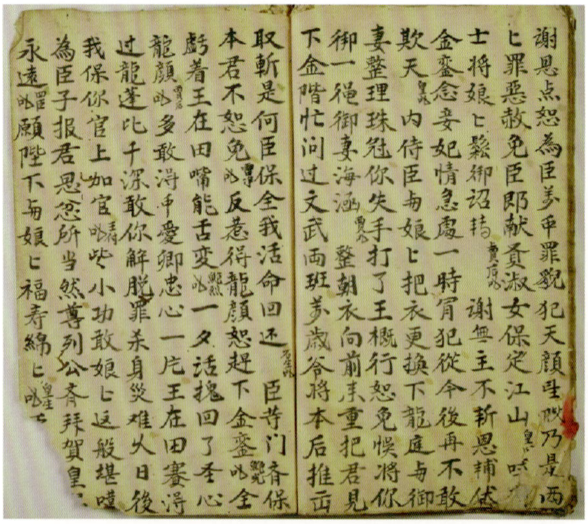

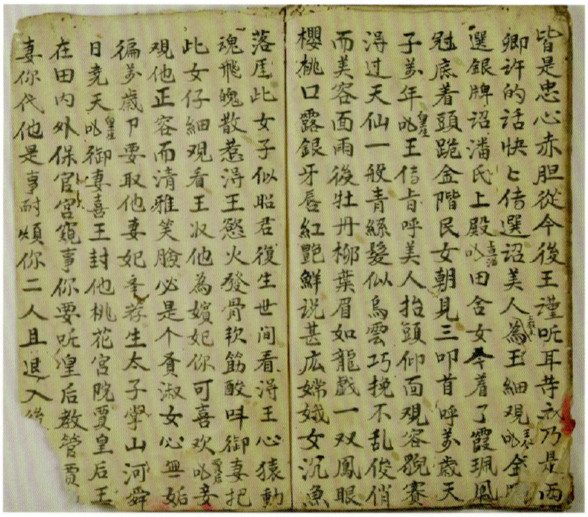

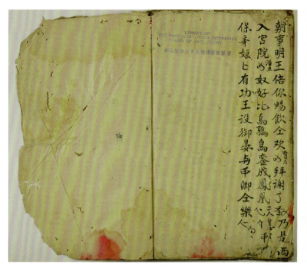

《柴市节》

年代：清宣统二年（1910）
尺寸：高25.5厘米，宽16厘米
质地：纸本

清宣统二年抄本。封面题名，款署"知足主人识"。凡48页，每页8行，每行19字左右。

《柴市节》讲宋末文天祥故事，为川剧经典折子戏。此本讲文天祥兵败被俘，忽必烈劝降不成，下令押赴柴市斩首。行刑前，宋降臣留梦炎奉命再次劝降，文天祥痛斥梦炎，朝拜先皇，从容赴死。元帝为笼络人心，特设祭追封。此时狂风大作，灵位腾空不下，至改书神牌方云开雾散。元帝叹天祥忠义，改柴市口为教忠坊。

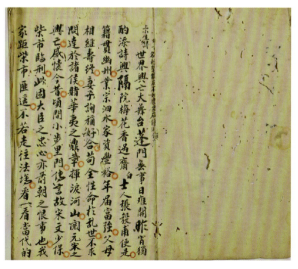

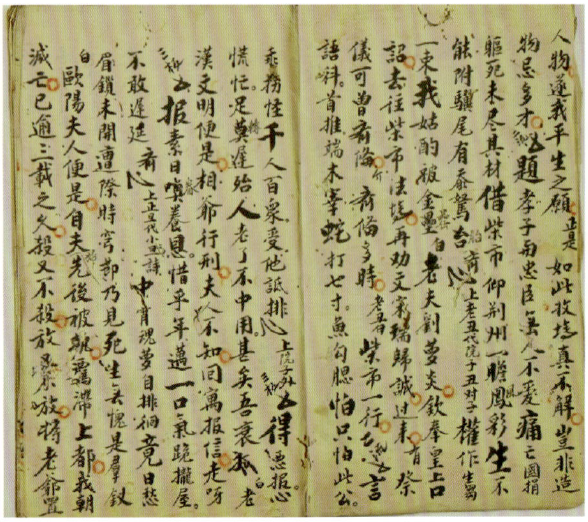

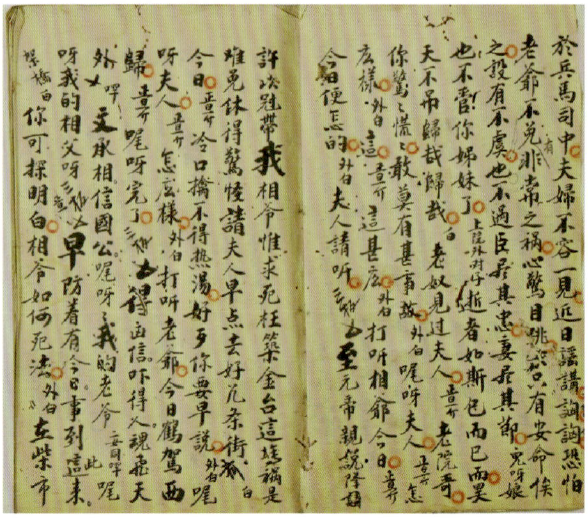

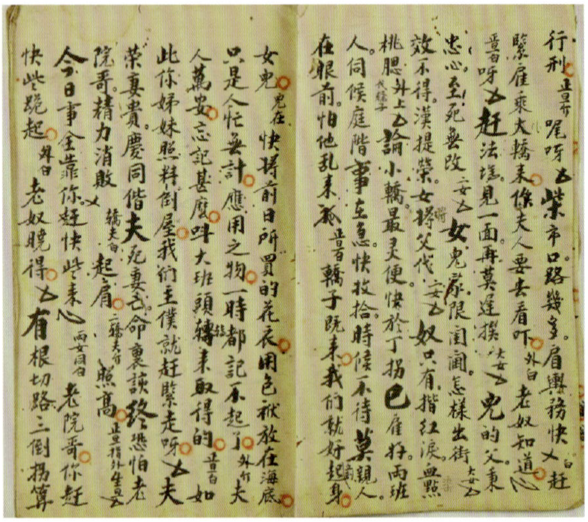

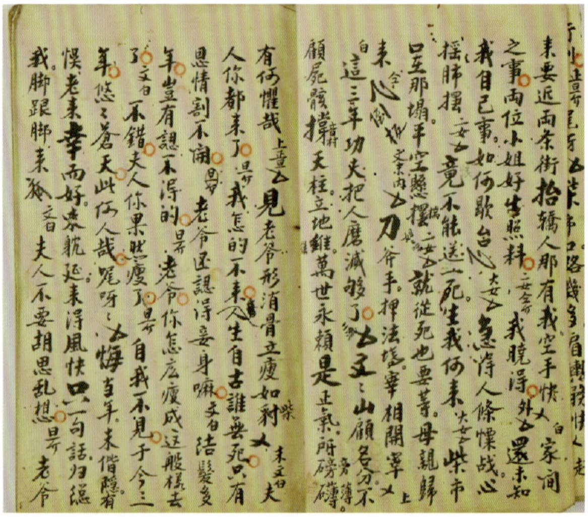

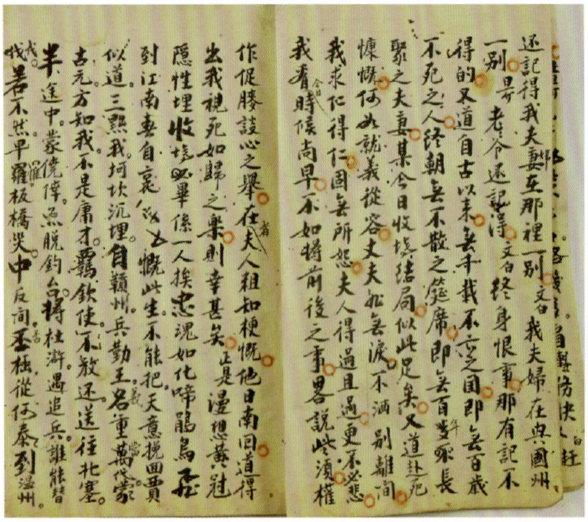

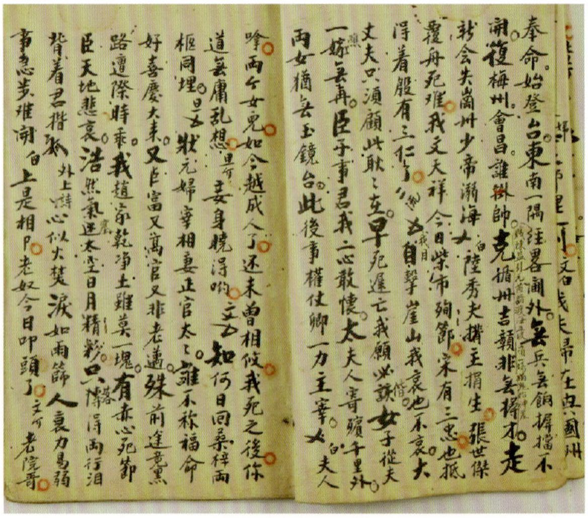

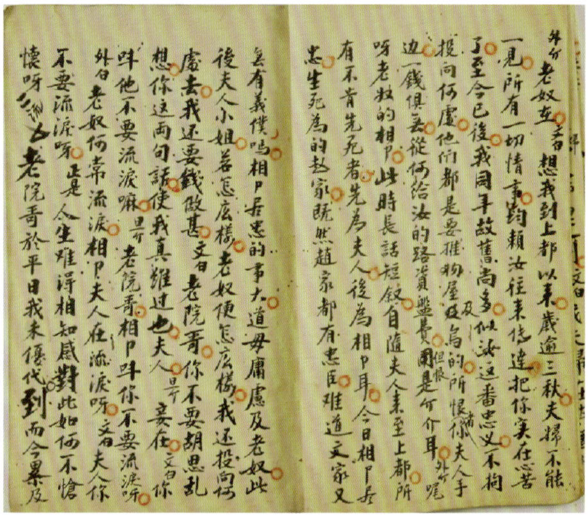

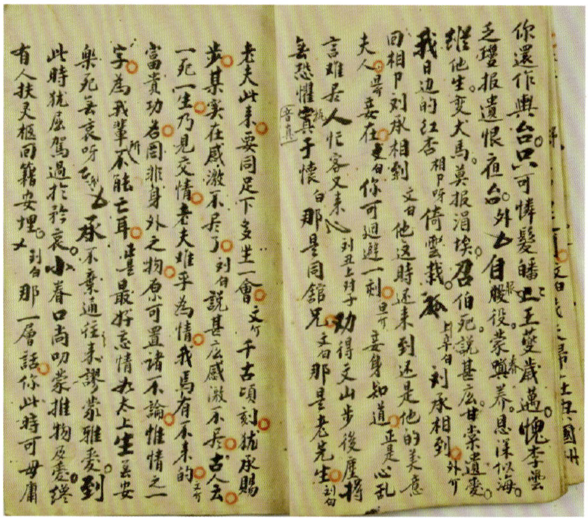

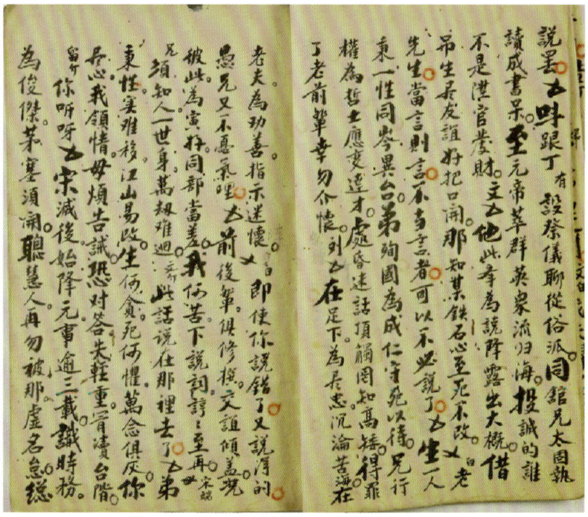

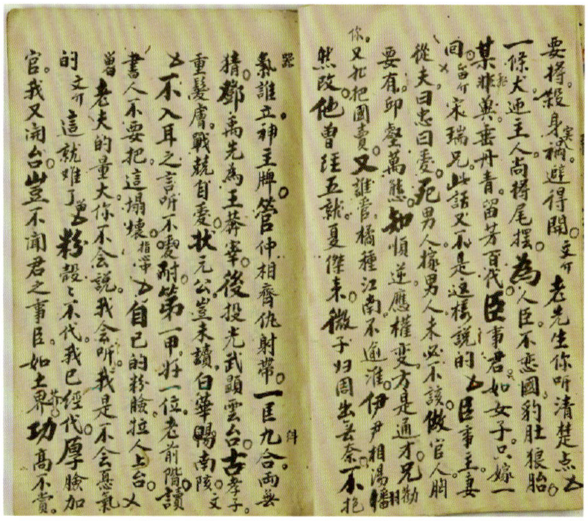

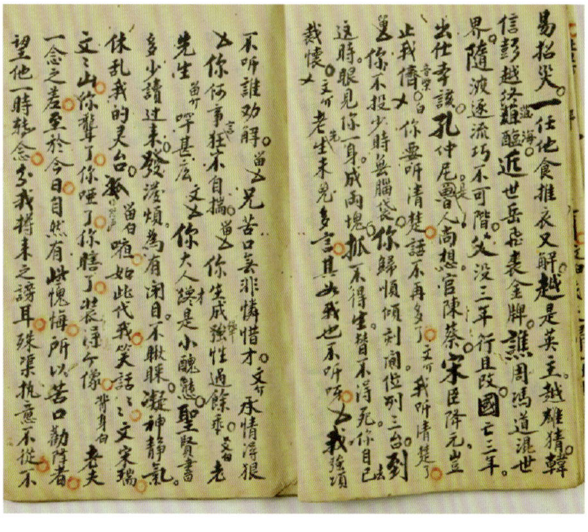

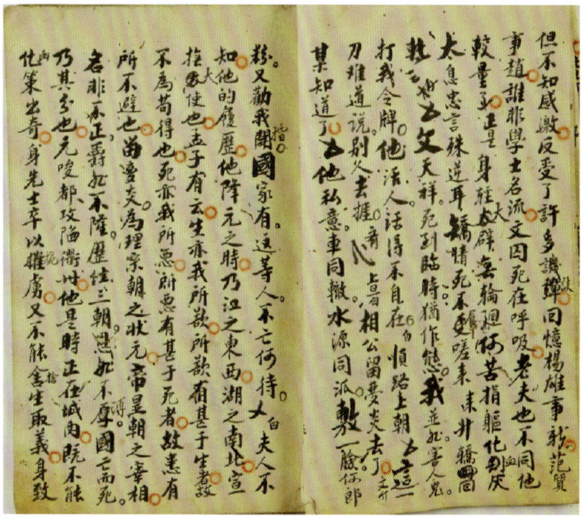

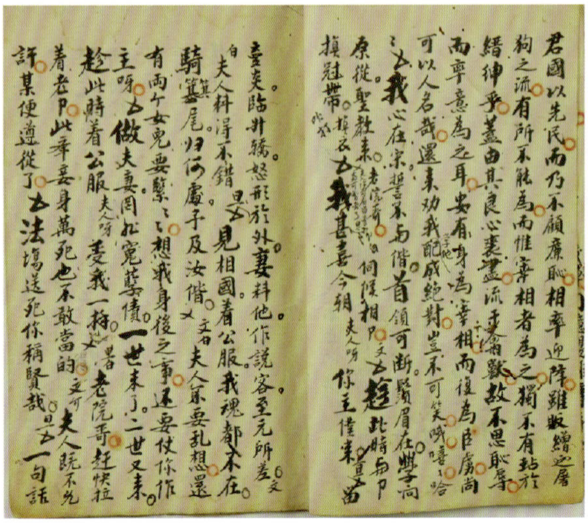

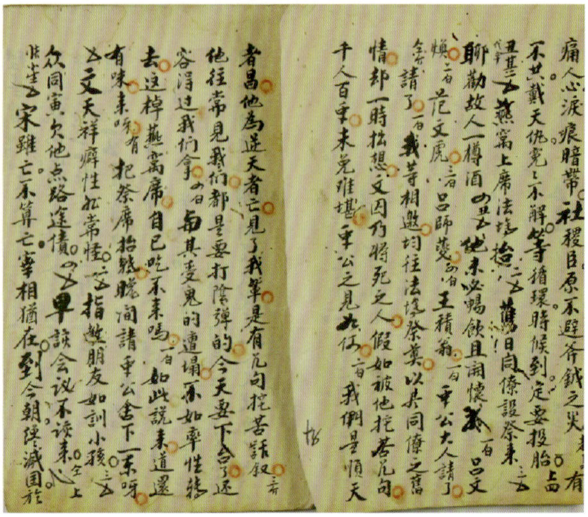

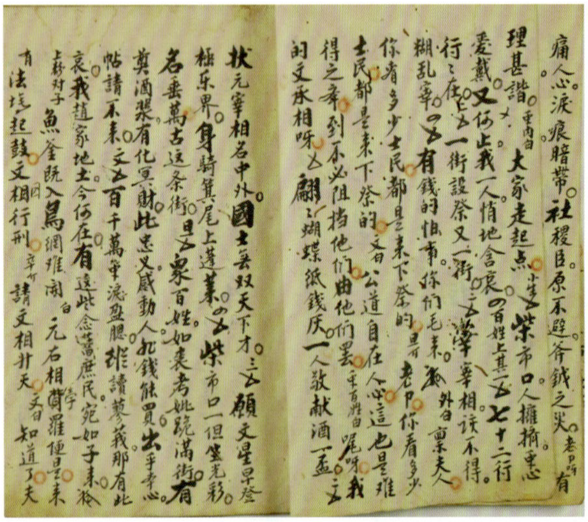

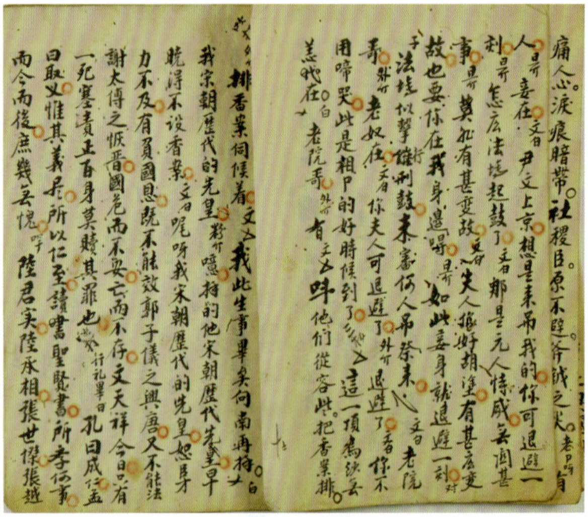

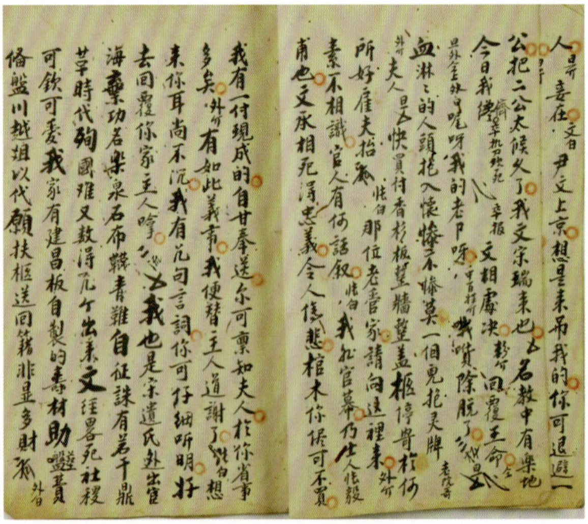

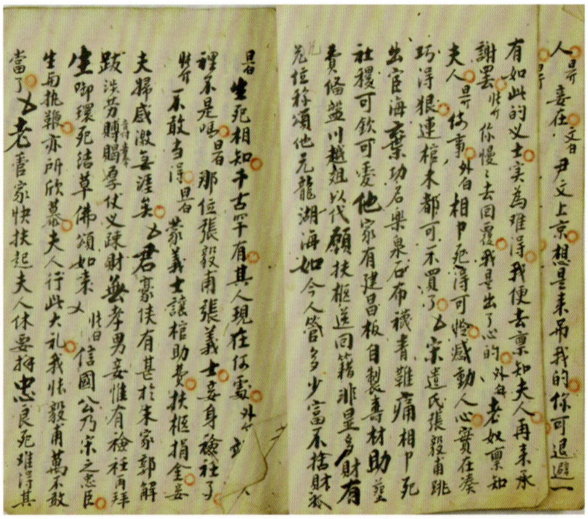

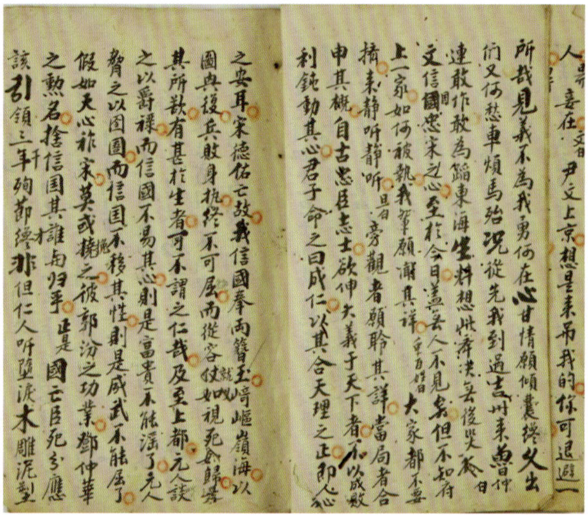
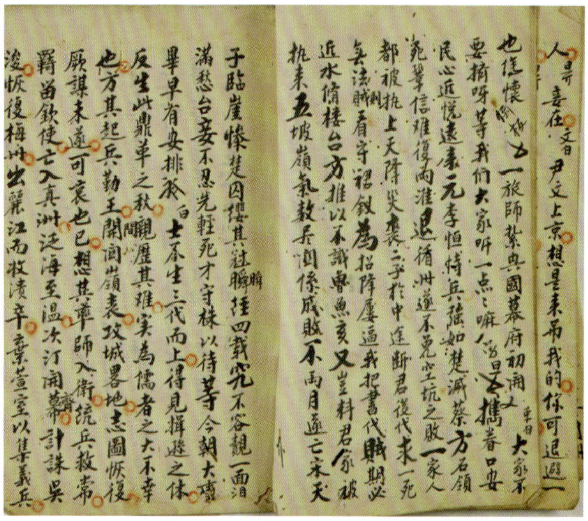
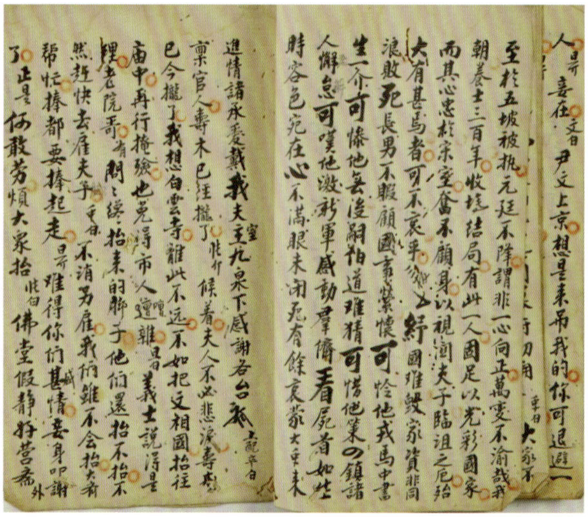
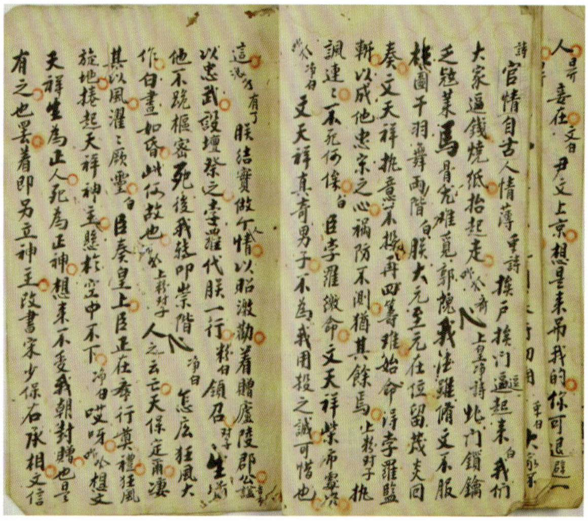
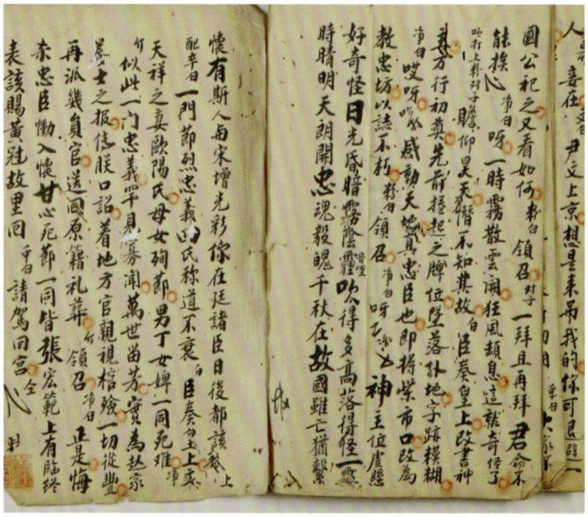
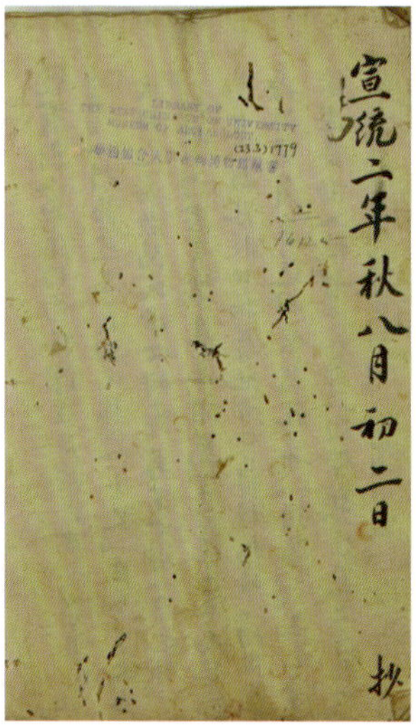
宣統二年秋八月初二日
抄

《雷峰塔》

年代： 清代

尺寸： 高26厘米，宽16厘米

质地： 纸本

精抄本。封面有题名，钤一印。朱墨标点。凡47页，每页9行，每行24字左右。

《白蛇传》续，分上下两本，此为上本，下本为《凌云渡》。此本讲白蛇之子许仕林长大成人后，得知身世，往雷峰塔祭母。适逢如来佛祖设盂兰盆会，青蛇从七宝池铁柱上逃脱，盗出净水瓶、天罡珠，与盗走普贤菩萨珠囊佛印的红蛇会合，欲持三宝杀上西天为白蛇报仇。行前在雷峰塔寻到许仕林，告其母受苦原委，并使法力令仕林与母亲相见。

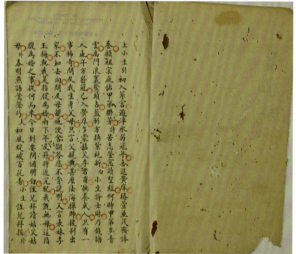

【图296】

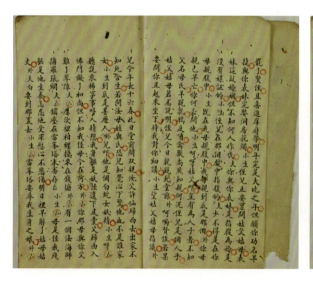
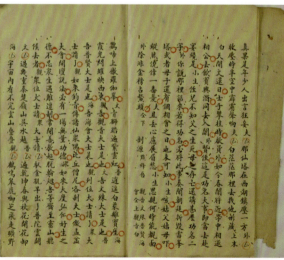

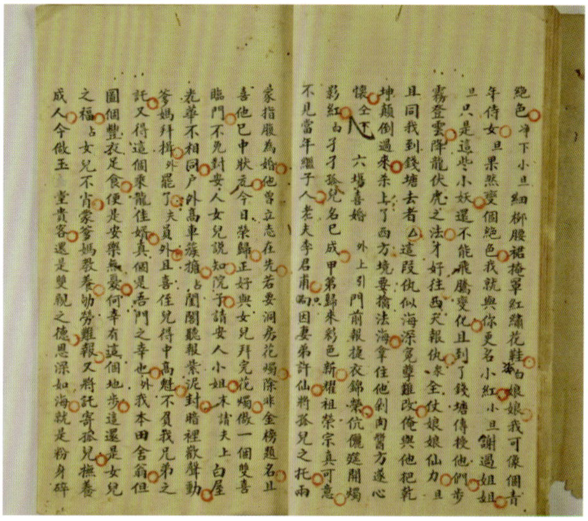

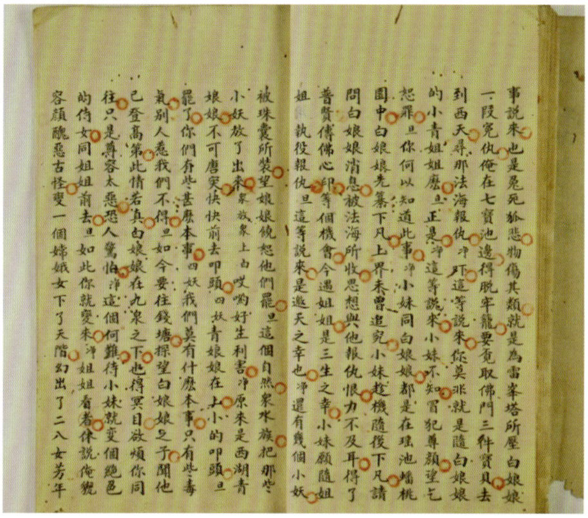

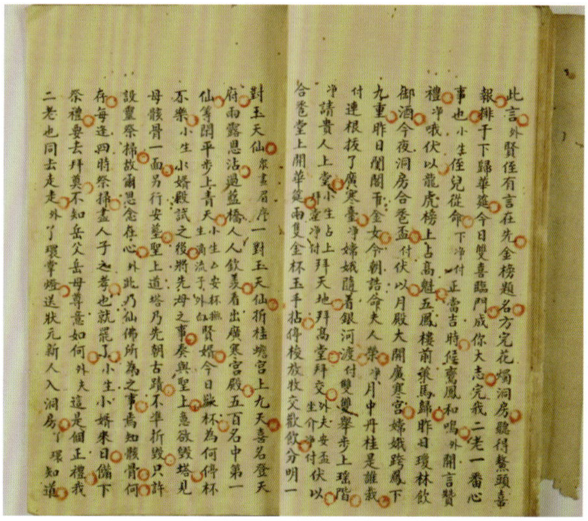

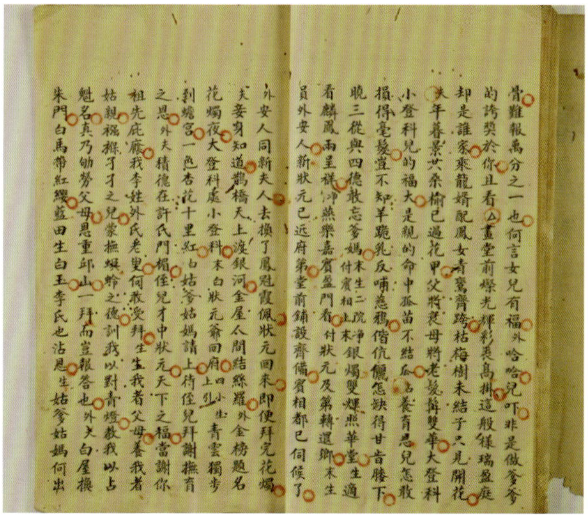

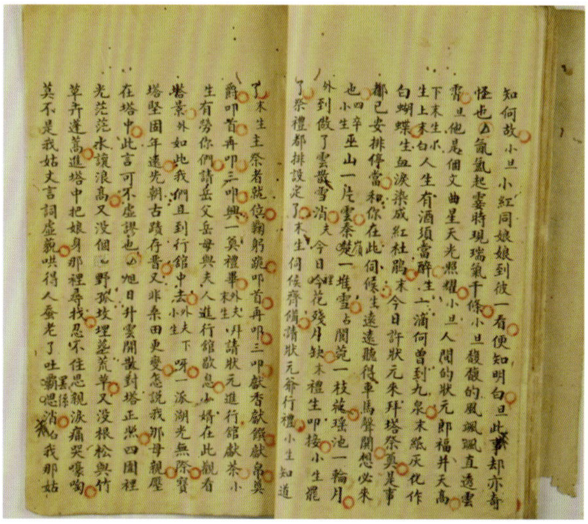

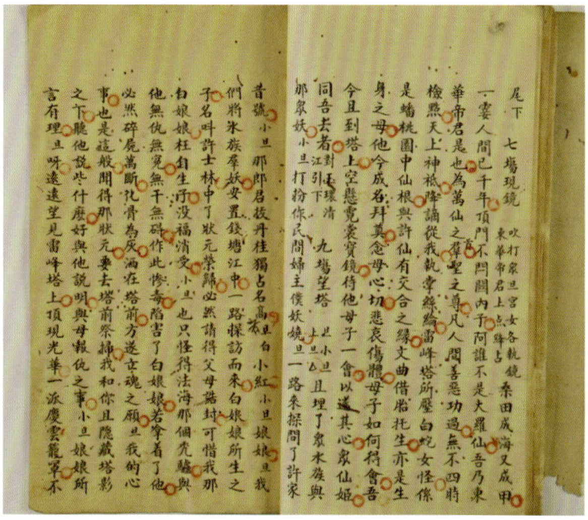

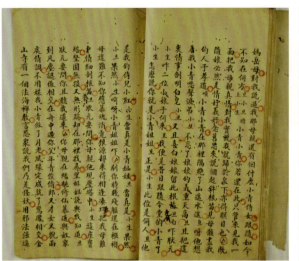
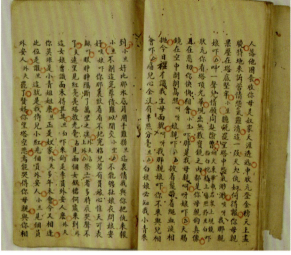

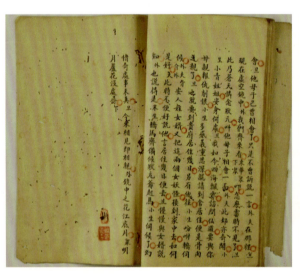

《秋江》

年代： 清代

尺寸： 高22厘米，宽13厘米

质地： 纸本

抄本。款署"润身识"。凡12页，每页8行，每行24字左右。

《秋江》又名《陈姑赶潘》，为《玉簪记》一折，川剧著名喜剧折子戏。书生潘必正落第后，寄居在其姑母女贞观观主的庵中攻读，与女尼陈妙常相恋。观主察觉后，急逼潘生前往临安赴考。妙常闻讯追至秋江，在老艄公的船上，被诙谐而善良的老人打趣幽默了一回。

秋江

潤身識

【图297】

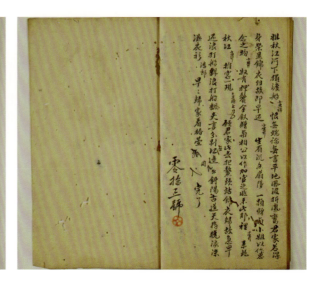

《滴血珠》

年代： 清光绪二十六年（1900）

尺寸： 高18.5厘米，宽11.5厘米

质地： 纸本

清光绪二十六年绵竹县宝全堂镌石印本。线装，凡32页，每页13行，每行21字左右。

《滴血珠》又名《四下河南》。此本只印词文，无唱、念、上场、下场等特殊标记。剧本讲宋代巴州仪陇人赵炳贵为其兄所害，夺命霸产。赵家女儿琼瑶四下河南开封府告状，历尽曲折，终得伸冤。

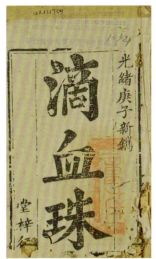

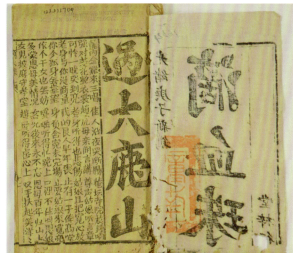

【图298】

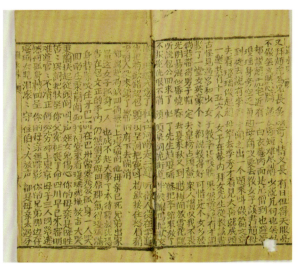

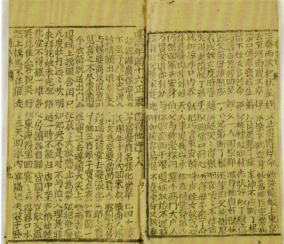

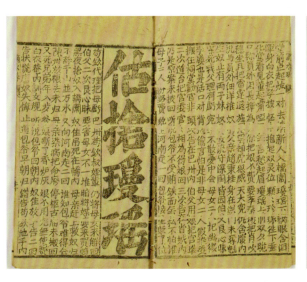

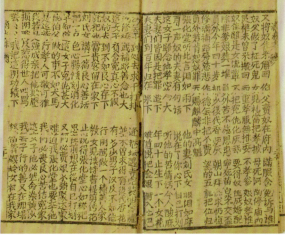

四下河南

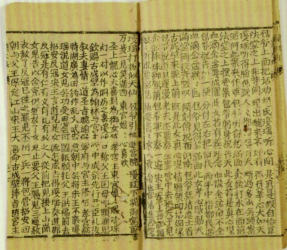

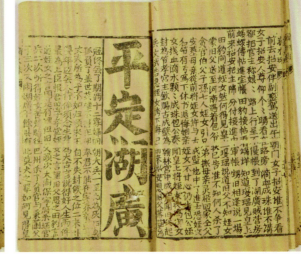

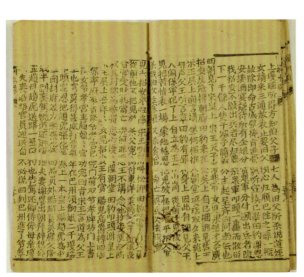

《长生酒》

年代： 清代

尺寸： 高24.5厘米，宽15.3厘米

质地： 纸本

抄本。凡43页，每页8行，每行25字左右。

《长生酒》是神仙戏，又名《盗二宝》。此本讲瑶池金母寿诞，元始天尊命弟子桃、李二仙酿成长生酒前去献寿。途中，黑虎精指使二弟子用迷魂丹迷倒二仙，偷走紫光剑、长生酒。路过的东方朔将二仙救醒，同往瑶池禀明金母。黑虎精的师傅赵公明领命向弟子问罪，被弟子打败。最后齐天大圣孙悟空出场，用花帽收擒黑虎，锁于月台。

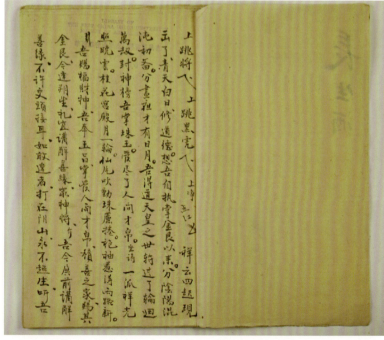

【图299】

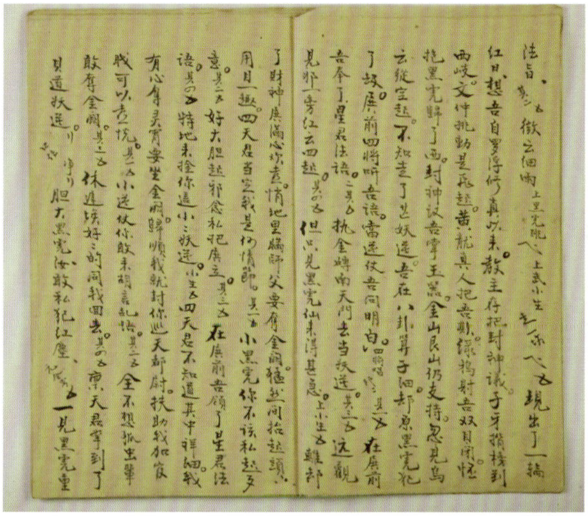

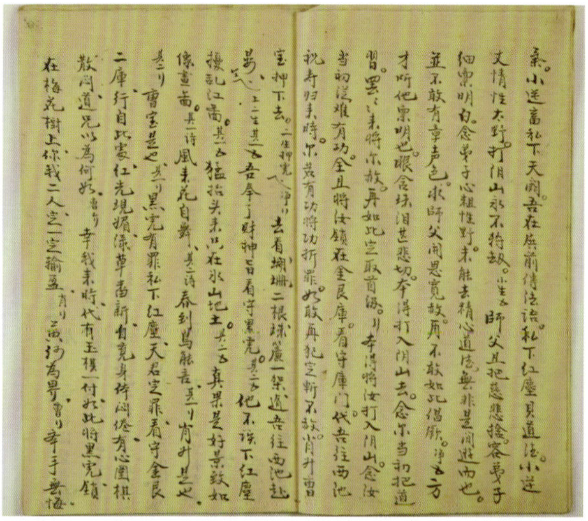

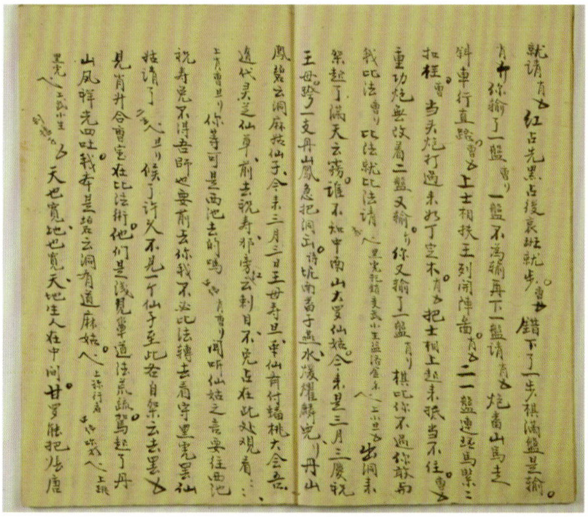

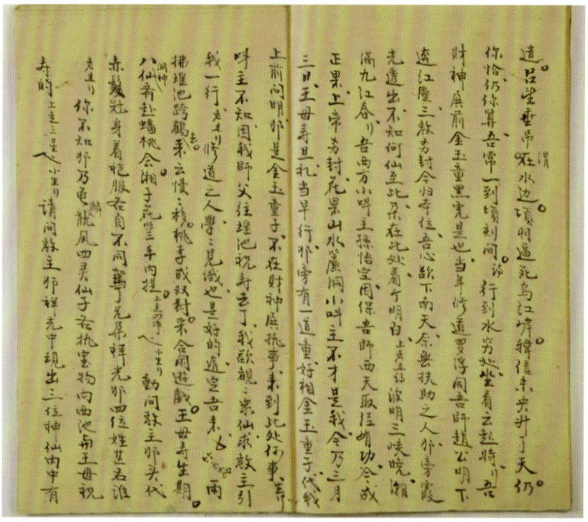

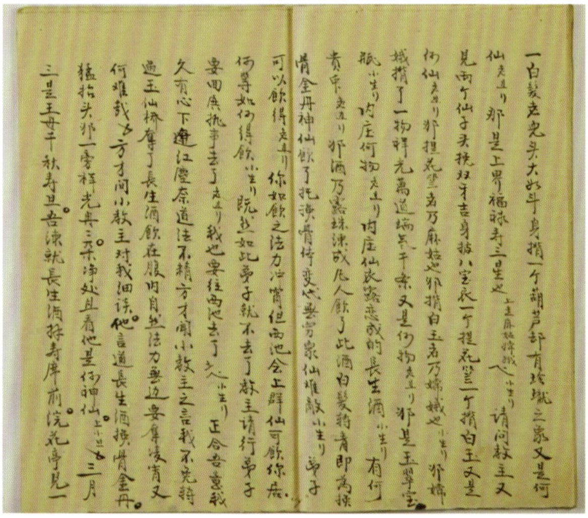

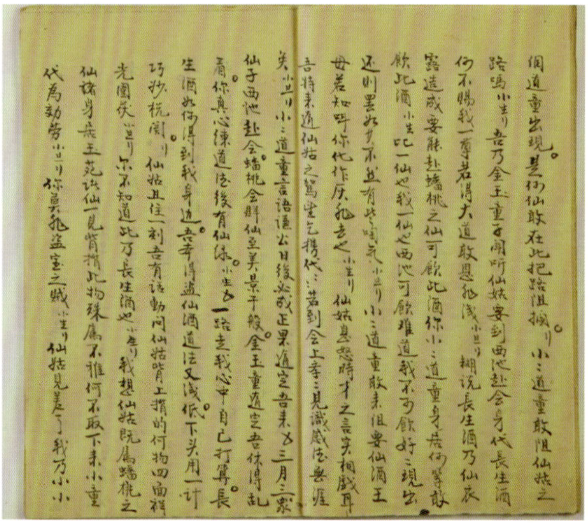

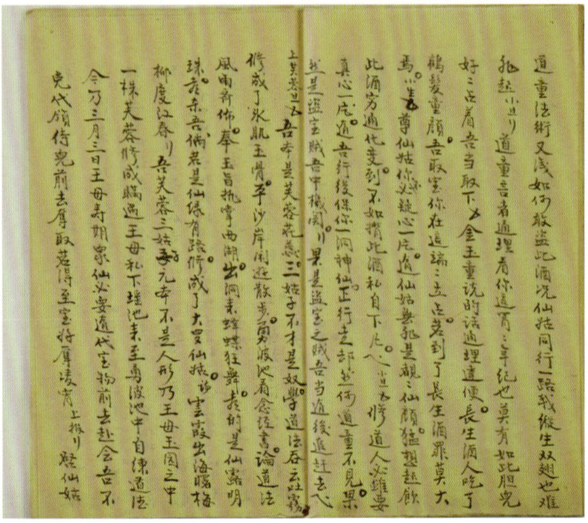

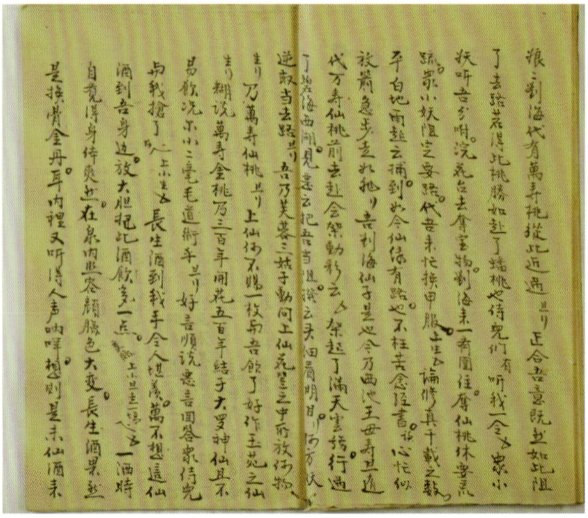

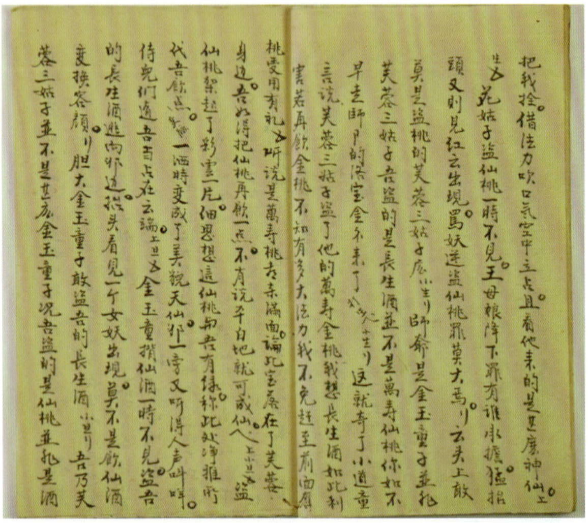

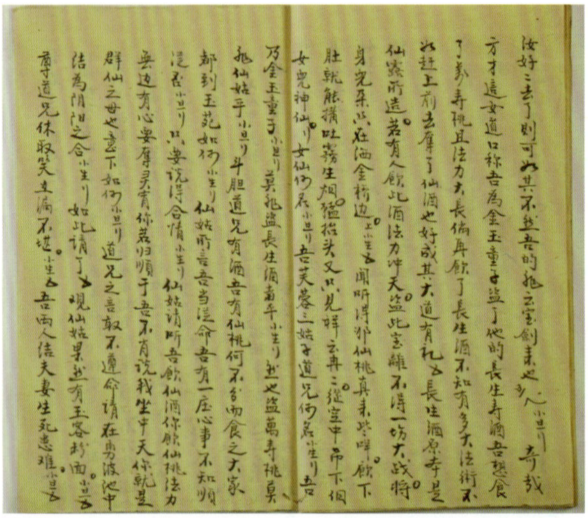

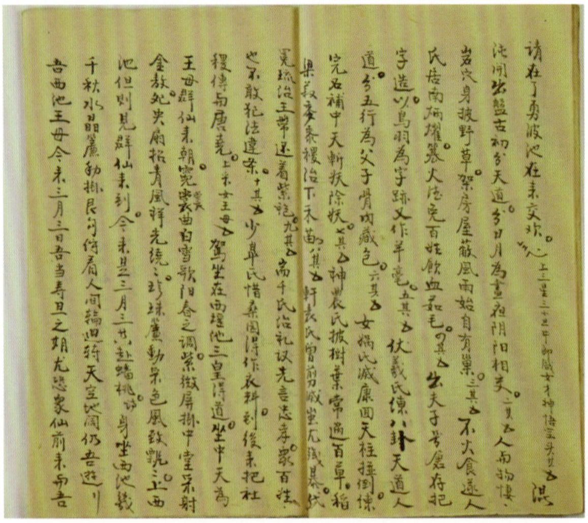

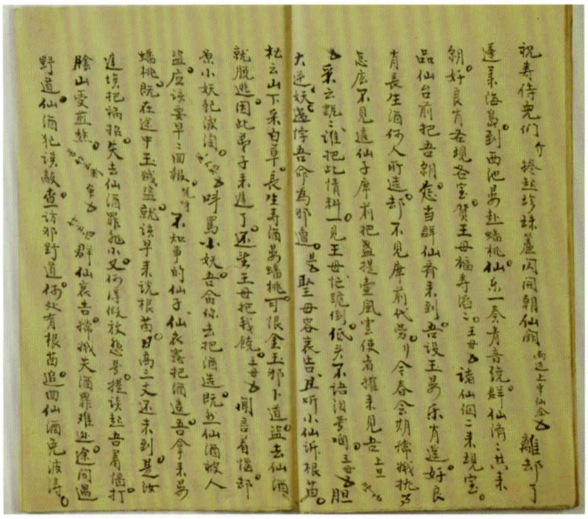

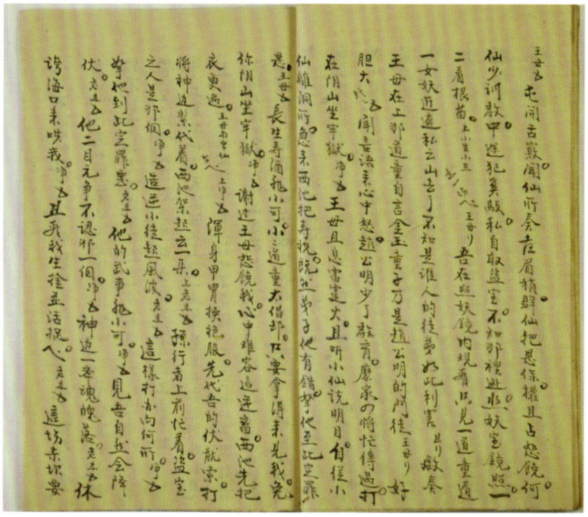

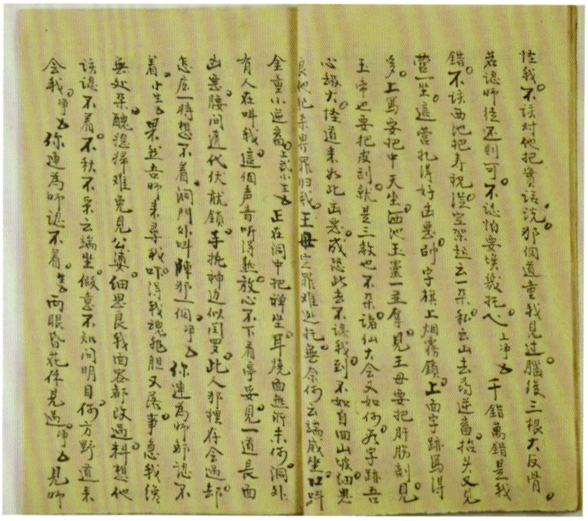

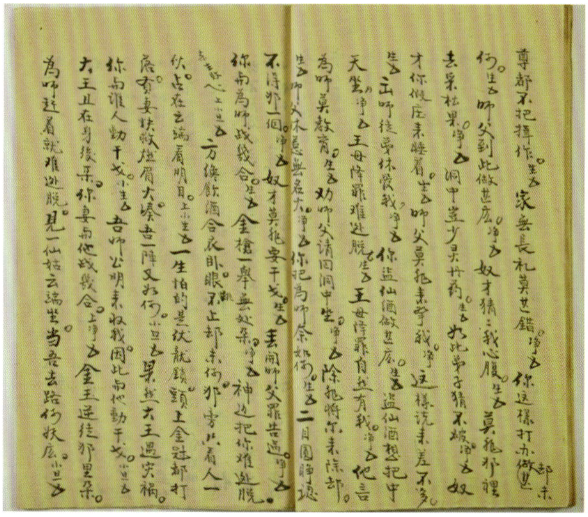

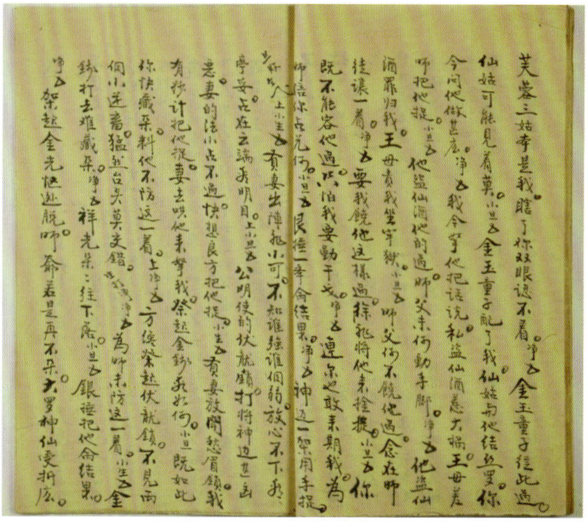

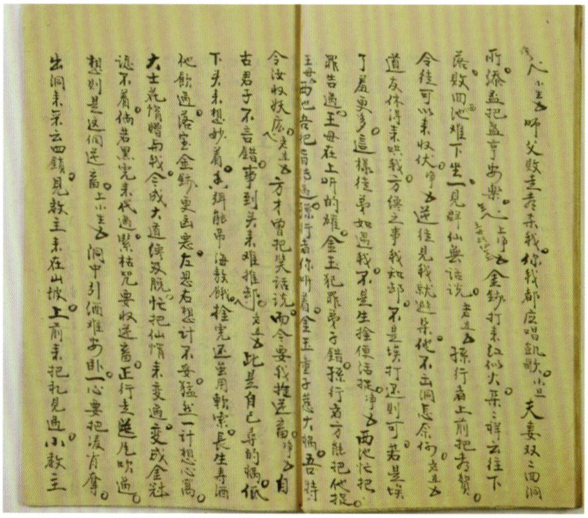

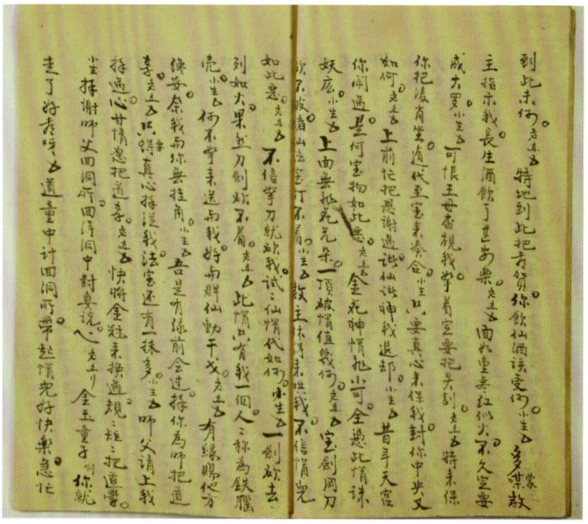

《托孤》

年代：清代
尺寸：高25厘米，宽15.5厘米
质地：纸本

抄本。款署"润身识"。凡10页，每页8行，每行20字左右。

"托孤"事出《三国演义》。刘备为关、张二弟报仇，率大军讨伐东吴，被陆逊火烧连营，兵败白帝城，身染重病，卧床不起。丞相诸葛亮应召前来白帝城，刘备将蜀中大事及其遗孤一一托付于诸葛亮。

托孤

【图300】

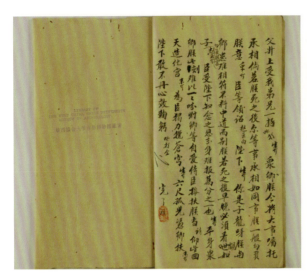

《储紫国》

年代： 清代
尺寸： 高25.4厘米，宽15.5厘米
质地： 纸本

抄本。封面题名，款署"润身抄"。凡27页，每页8行，每行20字左右。

皮影戏班常演的神仙戏，即《朱紫国》，事出《西游记》。如来佛的坐骑金毛狮子私逃下凡，抢走朱紫国的王后，意欲霸占。适逢唐僧师徒取经路过，孙悟空得南海观音相助，收服金毛狮子，救出王后。

【图301】

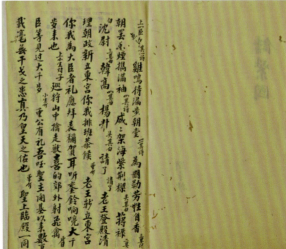

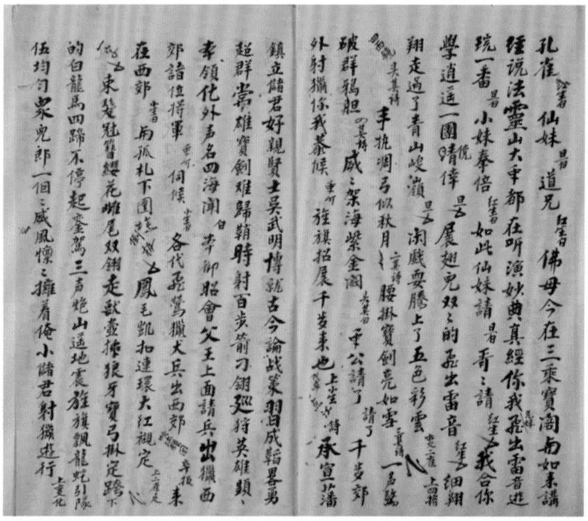

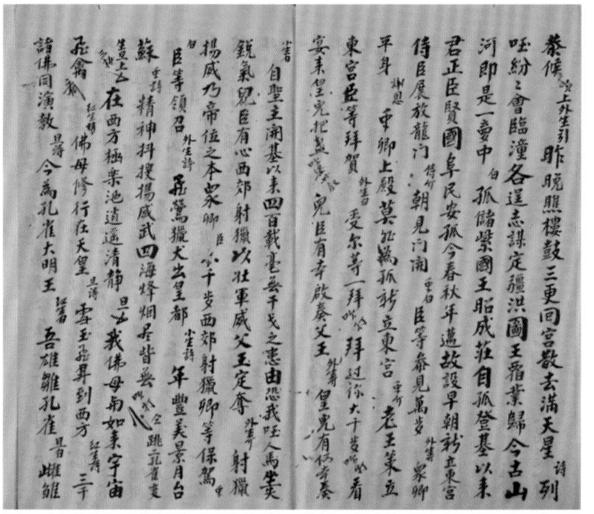

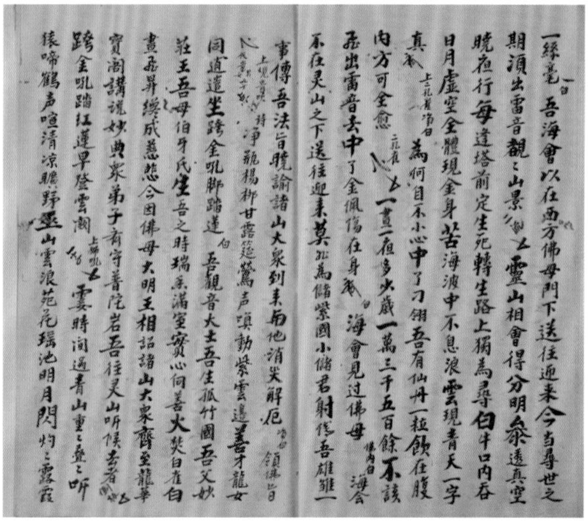

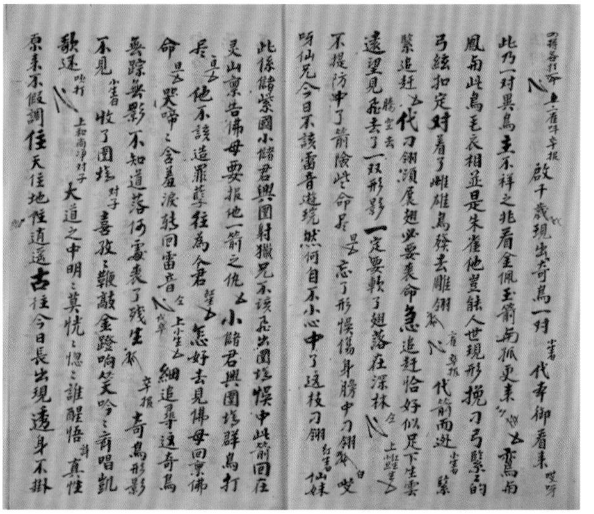

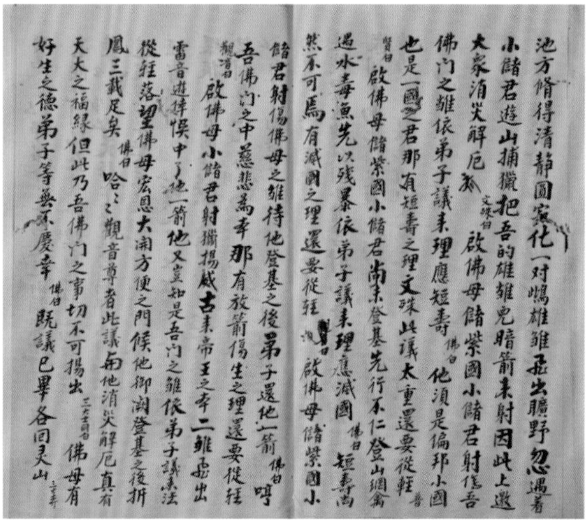

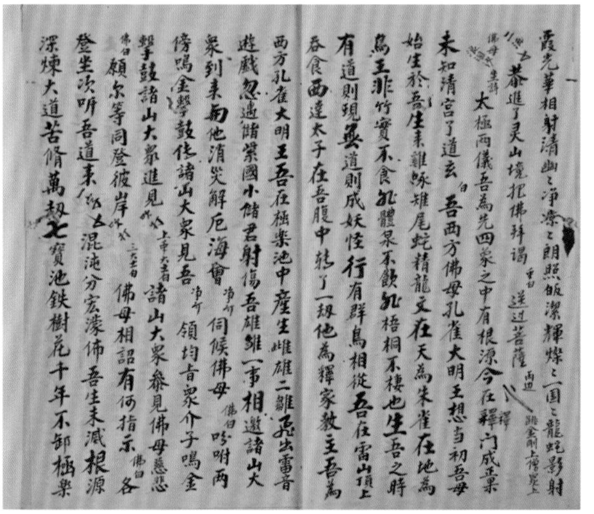

《目连救母》

年代： 清代
尺寸： 高25.9厘米，宽15.8厘米
质地： 纸本

抄本。封面有题名。凡100页，每页8行，每行23字左右。

《目连救母》，即《目连救母》。"目连救母"本为佛教故事，最早见于东汉初由印度传入中国的《佛说盂兰盆经》，讲述佛陀弟子目连拯救亡母出地狱的故事。这个故事后来在中国流传非常广泛，是大量民间小说、戏曲、图画的题材。民国时四川各地都演目连戏，俗称"搬目连"，往往一演就是十天半月，情节各有不同的阐发。此皮影本为连台本，分上下两卷，此为上卷，包括刺螺、盟誓、跨鹤、吊孝完了、遣子、益利回家、益利扫松、扫容、吕翁劝善、背鞍见母、益利扫殿、花园盟誓、三朝回煞、过滑油山、六殿逢母等十余场戏。

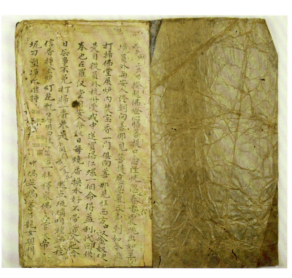

【图302】

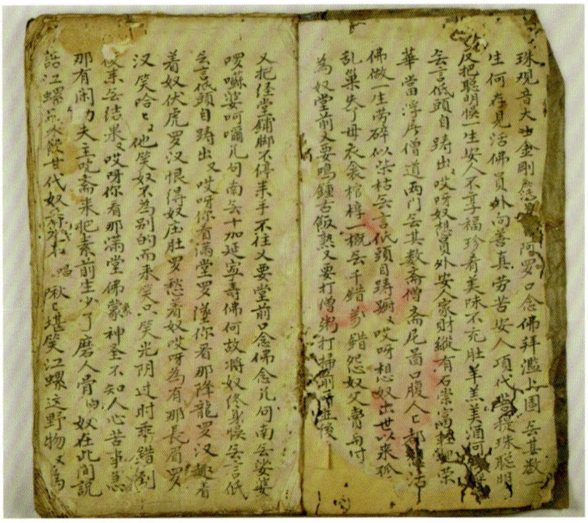

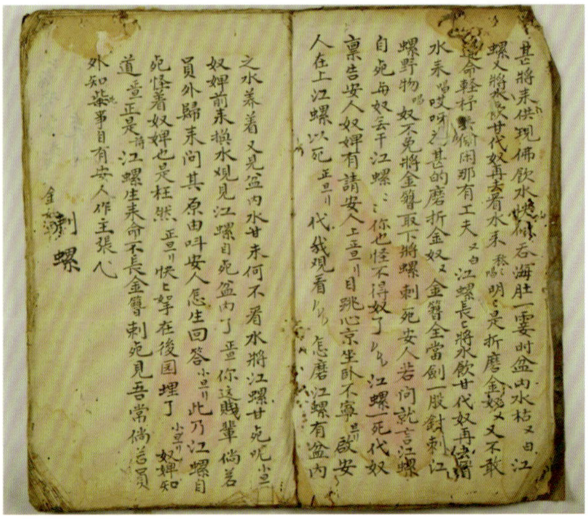

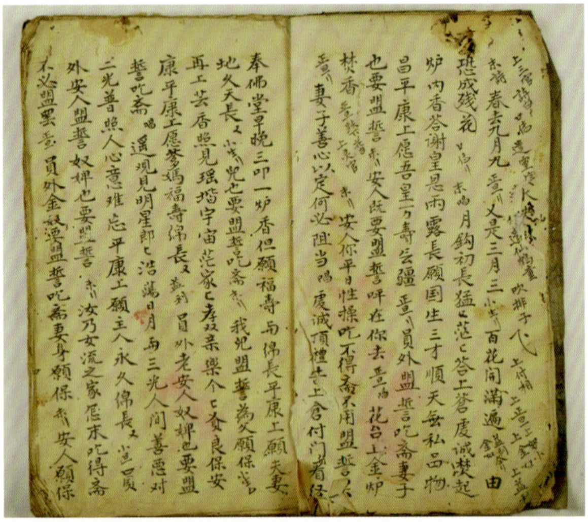

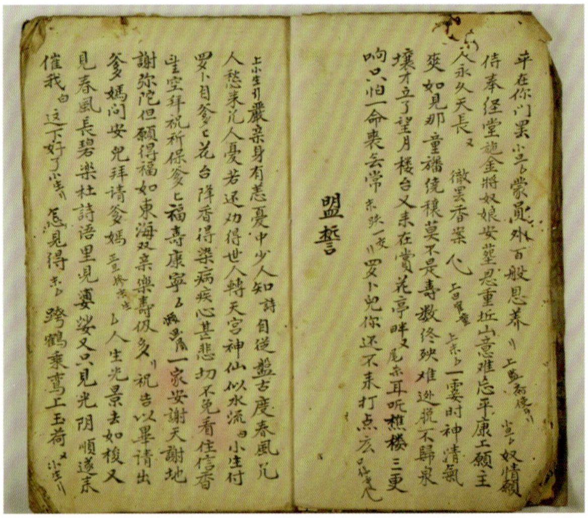

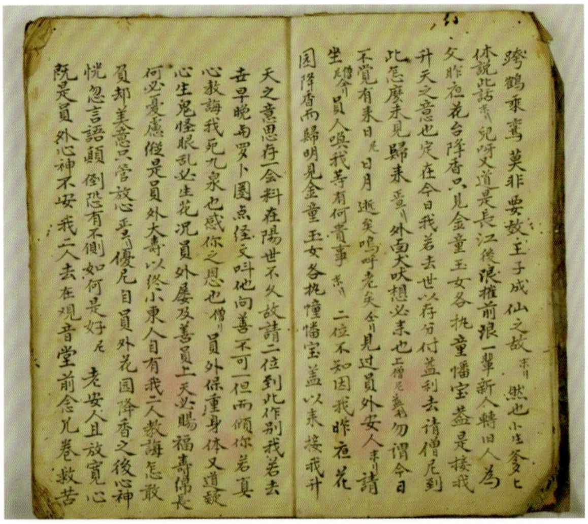

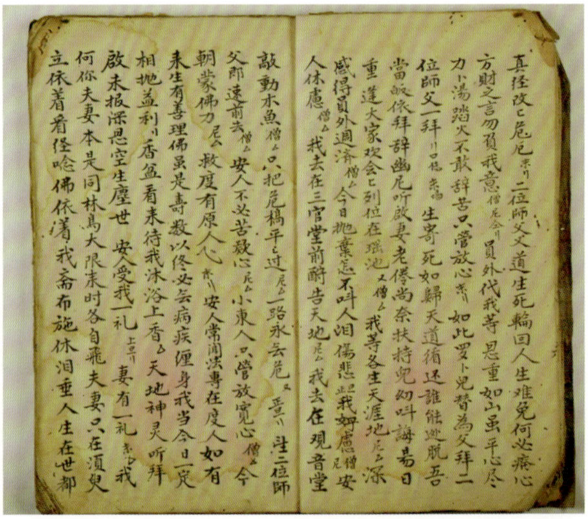

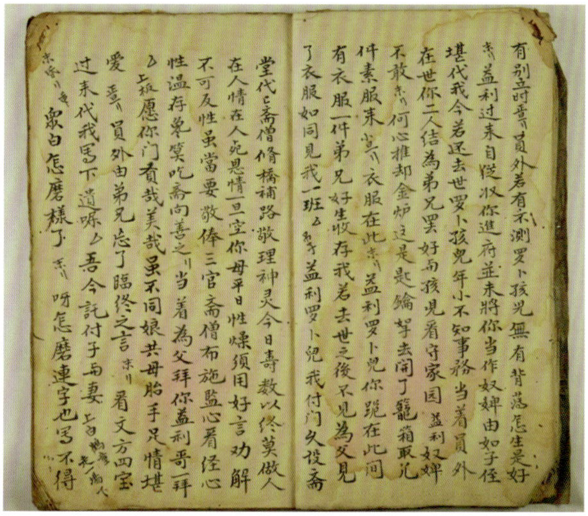

跨鹤

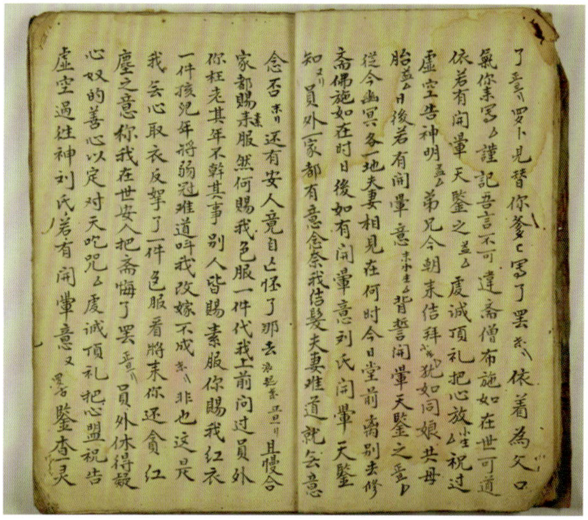

书孝完了

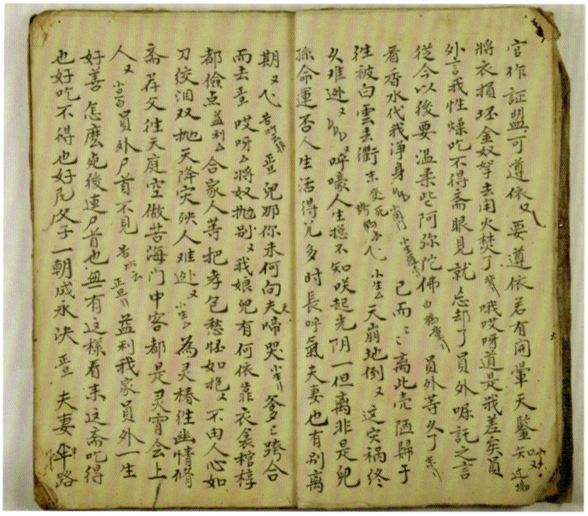

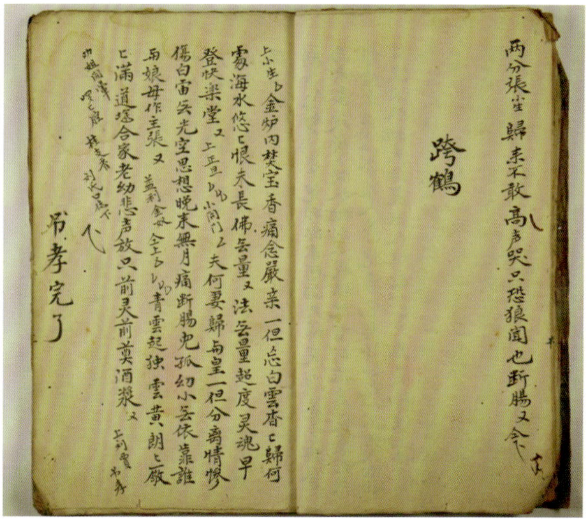

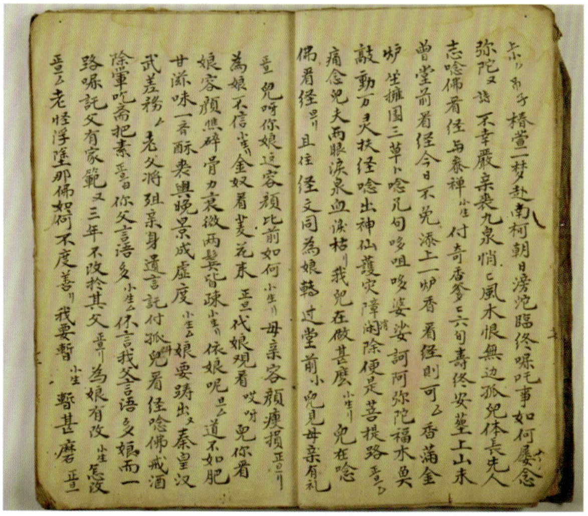

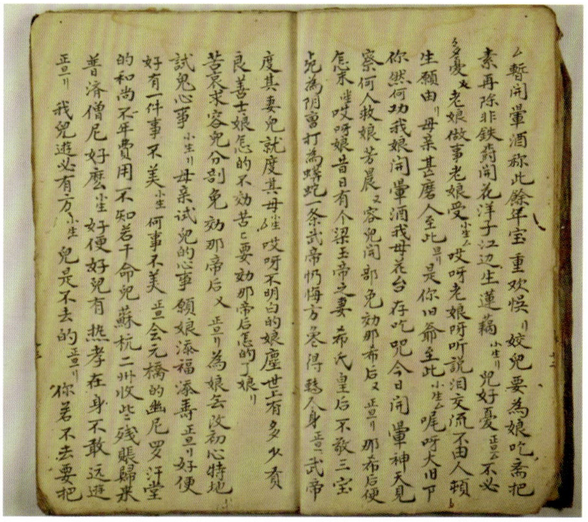

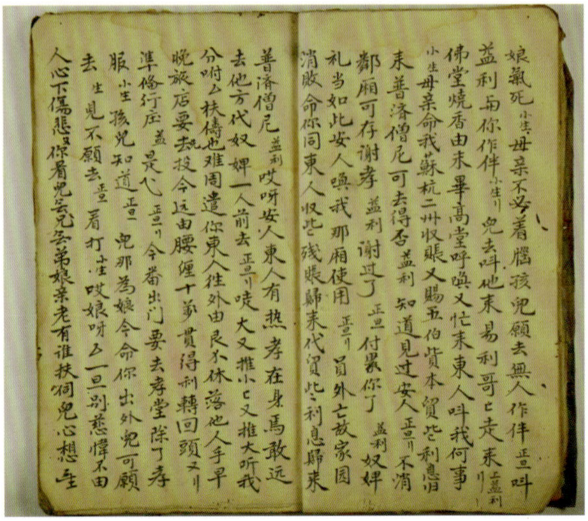

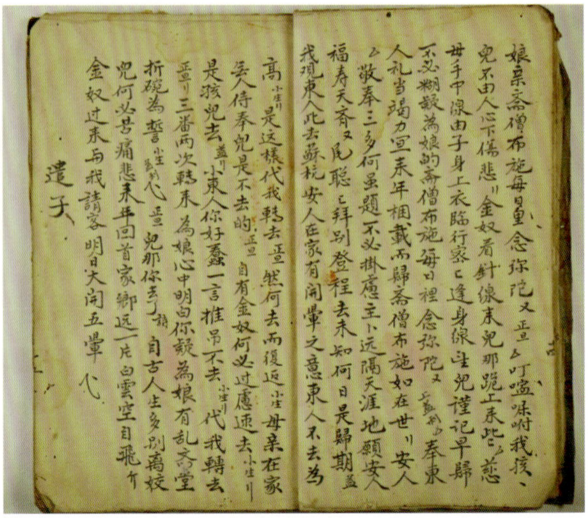

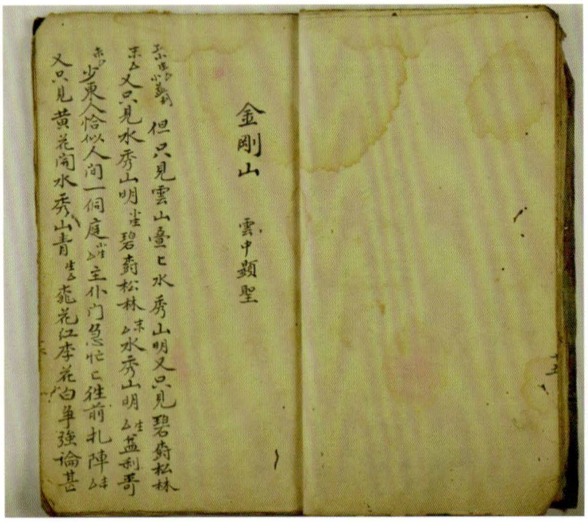
金剛山
雲中顯聖

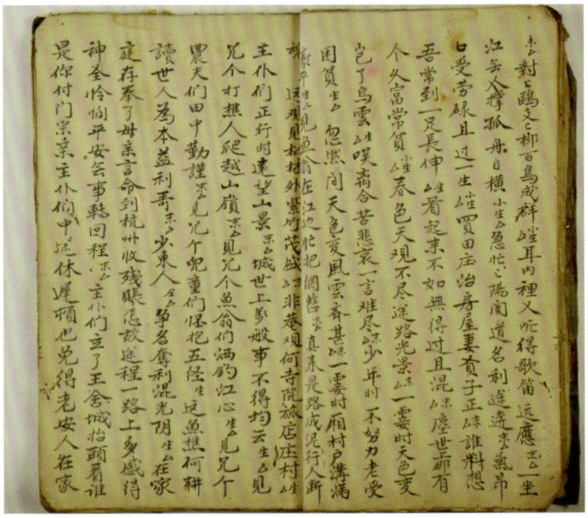

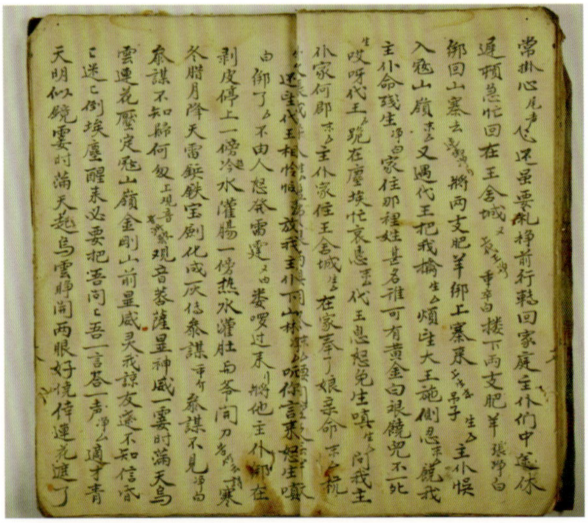

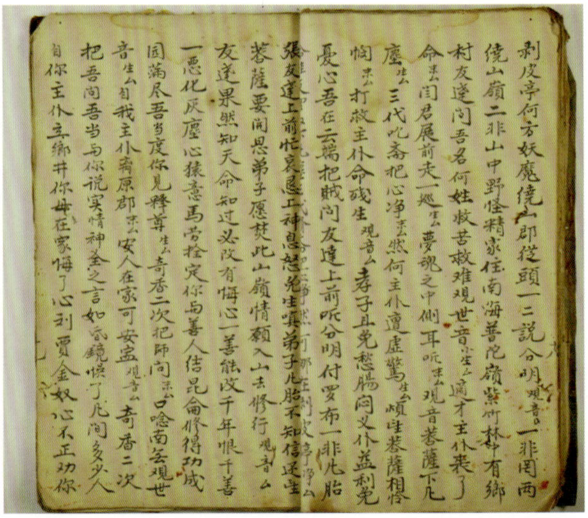

娘亲闻五娘然灯古佛功不灭打僧骂道众非轻身伴驾
鞍回原郡以免你娘受罪到益利哥你先回程行盂水我源身先拜三官后拜
我信为刎颈之交注善人与我同点径文我将山寨一火
就是益利哥适才盂萨言道汝母在家私闲五娘命你归
君姐姐我别点 [⋯] 善人一足造说善何怀玉成代王爰
念阿弥陀佛尾声心 是阿弥陀佛尾声心

益利回家

长途人静又流湿湿又见风狂雪大沉湿路滑塵容
好险那代我起来往前行戎主住立了王宫喊戎主
贺鲁得利回里打径在金冈山边遇着了强个山将戎主住
楼工打径在了剎定凉停过一偻今水薩肠熟感得观音菩萨空中显圣他
冷水薩肚热水薩肠

叫道张友逢付奇婿他本是行善之人你不可傷他性
命你二人送台上躰为昆侖他丙你圆点径文有光句话说得不
好他叫利去奇香月你主仆亲庭殿安人在京悔了心咟信到
贺金奴之言来生言命背打了然灯古佛离骂道
元始天尊東人闲咟此言依理支到盂利哥你先回程行盂你奴咐人叫
到盂利哥你先回程又遇着强人下林把主仆
程求金奴姐婿东田庠愤胃你打盂水我源身先拜三官后拜
安人冈山寨去刎颈人请来已见一礼正且叩你家承了安人言命杭州贺奴
热水薩肠冷水薩肠恰拟闲王展正且叩

弟甚家目弟束东不肯结为手足只因前日盂萨指
示言道我母在家私闲五萤不知真假小弟意歓归家
望母雅恰仁兄权玖懿眉不是平原束如此阮然贺弟思
念伯母老娘愚兄不束阻当于你兄也要去另话高人
指点日后大道成就我们弟兄在灵山一会里另家弟
子短道一程小生行第兄就此一別汝仁兄咐汝贡弟另我
生代为贡弟听 第兄就此一别汝仁兄呀说汝听人
子束送

哎兄呀束安人又多歓得观音菩萨空中显圣他叫张
友逢呀道安人在家承生言命背誓闲觉月安人证般
你丙他信为昆侖他本是行善之人你不可傷他性命
化他度你你连台见拜盂萨盂萨临行有光句话说得不好了
他说道月你主仆的家庭安人在京承了
我盂利善上一个来子出京安人一傍要雷廷爱已来明
向了安人早上贩束承受尤句好言寛他心苦而言道是
天尊霉冷上闲团前有盂金冈山
花圆裡 莫理藏束见来已不去理藏白骨理藏
白骨可曾理藏 东首理藏正且不知北侗的骨肉南离分
心金冈山分别上重情平慈悲虽念千声佛小生为作恶柱烧萬
引小生同上前行戎主住立了 小生仁为作恶柱净目
柱存净詩张友逢是也小生貢弟小生仁兄不知非小

益利栽松

从青弟束山朝日悲胃不展所为何事生 仁兄不知非小

[⋯]青山常在光阴似箭催 [⋯]为日别東人春复秋夏秋冬又
音空目懿眼前兄童俱玖变一事无成向了頭 老奴益利
有经而束人南山分别去吾信归家径早佛堂诸事週
[⋯]经下去事兄兄条棉笠去坟圆将坟墓帅二束将茅棉
洗 正是人老松不体需怀曰囊南山谷向了后復看见向了
頭鬂沙束凉南早降枯木蓬春悔道人老新谷百鸟孤
栖滿圆秋林為人不作奸巧計乾花闲来四时兴想我山
正是人老 囊我沈大事付你 [⋯]怀瑞的 [⋯]不改建我
夏我元见安人还是要照着苦些安人换咟懿言语一闲箪不改建
主仆杭州去事兄兄条棉笠去吾信归早
元化为灰白骨理在花園裡胃犯三官束神祗打作魂心
祈菩桃冈变怀懐观音菩薩提詩句指引关山
有凭抛免蓬輪回变怀懐观音菩薩提詩句指引关山
理冷上汉上独目一全且桂我益利早師佛堂棣琉束在

不知有何贵重代我言前返老白月有礼了夫小生 原束是相公有礼
动闲老伯然何将过駅安东君老
汉小駅安有多少的贵贾生有何贵度事相公不知若
是他家食父老母私闲五萤束生言命我安东生言命猎
在背工口呐罪狂三步依頭五步一拜已回家去可免地狱之苦私
苦小生束生代为贡弟听問我束在家东生言命我駅安我
闲五萤我就与老伯貫又要多少粮河先老伯靈时
苦母老伯然此就要是 [⋯] 粮公歓喜如此束生 我駅安我駅安
非我一人贵重安东束了夫小生在那裡老孟神仙
不肯分明说怎莘九人識仙杬化小生 老伯靈时不见化惰情
风面去代我拜谢神聖赐安之思身措駅鞍拜回家去
理冷上涙上独目一全且桂我益利早師佛堂棣琉束

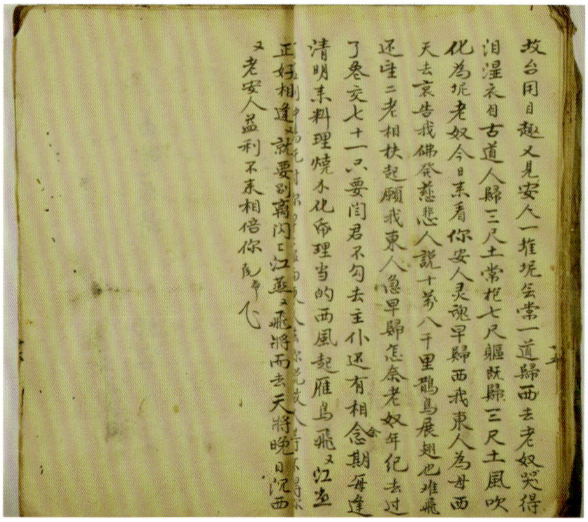
故台用目趣又見安人一推坭尘常一道歸西去老奴哭得
泪湿衣自古道人歸三尺土常把七尺軀既歸三尺土風吹
化為坭老奴今日未看你安人灵魂早歸西我東人為毋西
天去哀告我佛發慈悲人說十萬八千里鵲鳥展翅也难飛
还往二老相扶起顾我東人急早歸怎奈老奴年纪去过
了冬交七十一只要阎君不勾去主仆还有相念期每逢
清明来料理燒不化帋理当的西風起雁鳥飛又江
正好相逢就要别离闪闪江盖又飛將雨去天將晚日沉西
又老安人益利不来相倍你

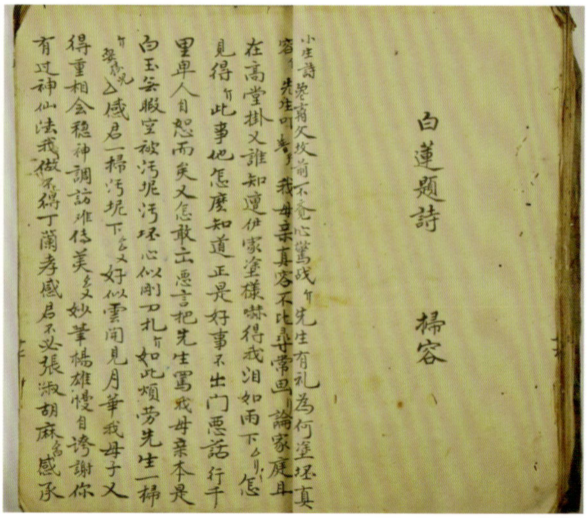
白蓮題詩
掃容
小生詩題有父坟前不登心罵哉先生有礼為何塗坏真
容先生叫着我毋亲真容不比平常画論家庭且
在高堂掛又誰知遭伊家塗摸嚇得我泪如雨下怎
見得此事他怎麼知道正是好事不出门惡話行千
里卑人自恕而矣又怎敢出惡言把先生罵我毋亲本是
白玉无瑕空被污坭污坏心似刚刀扎如此煩劳先生一掃
感君一掃污坭下又好似雲開見月華我毋子又
得重相会穏神調訪难待美又妙筆楊雄慢自誇謝你
有过神仙法我做不得丁蘭孝感君不必張淑胡麻感承

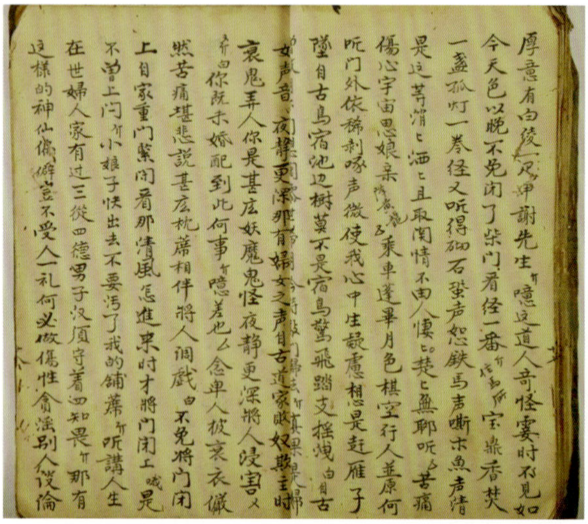
厚意有白綾一尺呷謝先生噫这道人奇怪霎时不見如
今天色以晚不免闭了柴门看经一番宝鼎香焚
一盏孤灯一卷经又听得砌石蛩声怨鉄馬声断木魚声清
是这等消消洒洒且取闲情不由人悽悽楚楚无聊听苦痛
傷心宇宙思娘亲乘車逢畢月色棋空行人並原何
听门外依稀刹啄声微使我心中生疑慮想是赶雁子
墜自古鳥宿池边樹莫不是宿鳥驚飛踏支摇曳自古
女声音夜静更深那有婦女之声自古道家敢奴欺主时
哀鬼弄人你是甚広妖魔鬼怪夜静更深將人侵害又
你既未婚配到此何事噫差也念卑人披哀衣縗
然苦痛堪悲説甚広枕蓆相伴將人调戏不免將门闭
上自家重门紧闭看那清風怎進来时才將门闭上是
不曾上闩小娘子快出去不要污了我的铺蓆听講人生
在世婦人家有过三從四德男子汉須守着四知畏那有
这樣的神仙儀辟岂不受人一礼何必做傷性貪淫别人没倫

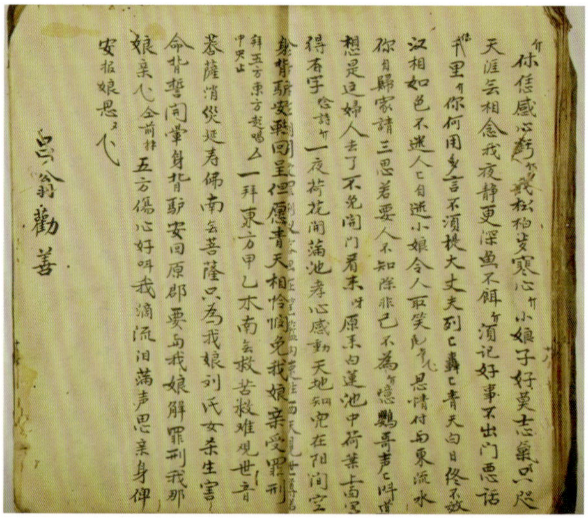
休信感心药我松柏坚寒心小娘子好莫志氣只恐
天涯无相念我夜静更深無不餌須记好事不出门恶话
千里你何用多言不須提大丈夫到青天白日终不放
汉相如色不迷人自迷小娘令人耶笑思情付與東流水
你自歸家請三思若要人不知除非己不為憶鸚哥声声
想是这婦人去了不免闹门看来原来白蓮池中荷葉上面
得香字一夜荷花開满池孝心感動天地知鬼在阳间空
願青天相怜悯免我娘亲受罪刑
一拜東方甲乙木南無救苦救难观世音
菩薩消災延寿佛南無善薩只為我娘刘氏女杀生害
命背誓闻荤身背骄安回原郡要与我娘解罪刑我那
娘亲心五方傷心好叫我滴流泪满声思亲身伴
安抚娘思
吕翁勸善

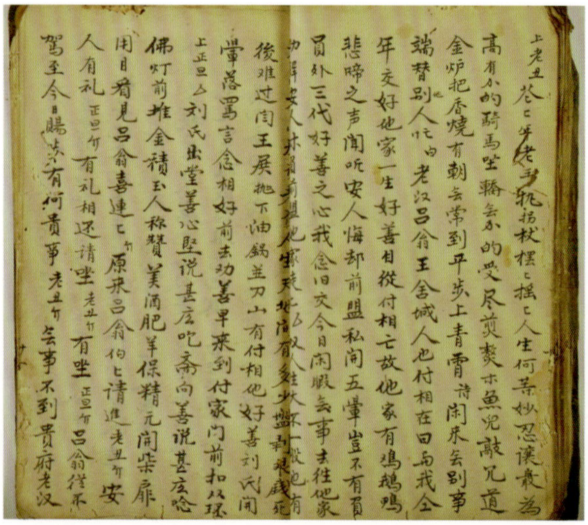
上老丑苍苍老手执拐杖摆摆摇摇人生何等妙忍谈我为
高有本的骑马坐轿无本的受尽煎熬木魚儿敲咒道
金炉把香燒有朝无常到平步上青霄闲来无别事
端替别人忙老汉吕翁王舍城人也付相在日与我仝
年交好他家一生好善自從付相亡故他家有鳩鵝鸭
悲啼之声闻听安人悔却前盟私開五荤岂不有負
員外三代好善之心我念旧交今日闲暇无事去往他家
後难过阎王殿抛下油鍋並刀山有付相他好善刘氏闻
荤落罵言念相好前去劝善早来到付家门前扣双环
刘氏出堂善心坚说甚広吃斋向善说甚広唸
佛灯前堆金積玉人称贊美酒肥羊保精元闲柴扉
用目看見吕翁喜連連原来吕翁伯伯请進 安
人有礼 有礼相还请坐 有坐 吕翁從不
駕至今日賜步有何貴事 無事不到貴府老汉

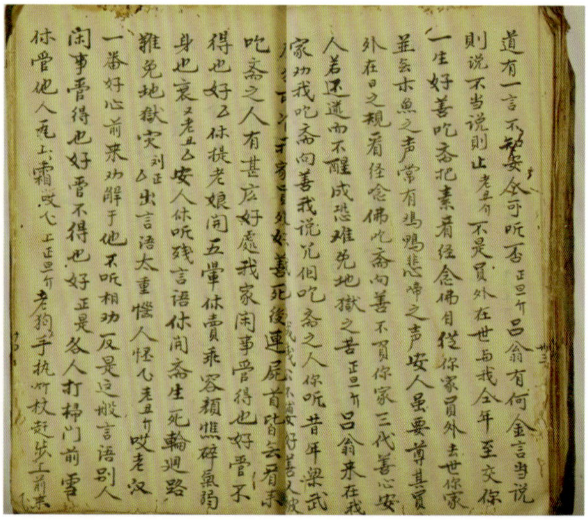
道有一言不知安人可听否 吕翁有何金言当说
则说不当说则止 不是員外在世与我仝年至交你
一生好善吃斋把素看经念佛自從你家員外去世你家
並无木魚之声常有鳩鸭悲啼之声安人虽要尊其員
外在日之规看经念佛吃斋向善不負你家三代善心安
人若还迷而不醒成恐难免地獄之苦 吕翁来在我
家劝我吃斋向善我说咒但吃斋之人你听昔年梁武
好善死後連屍首皆无看来
吃斋之人有甚広好處我家闲事管得也好管不
得也好 休提老娘闻五荤休责乖容願谯碎氣弱
身也衰又 安人休听残言語休闲斋生死輪迴路
难免地獄灾 出言语太重惱人怪 哎老汉
一番好心前来劝解于他不听相劝反是这般言语别人
闲事管得也好管不得也好正是各人打掃门前雪
休管他人瓦上霜 老狗手执竹杖赶出门前来

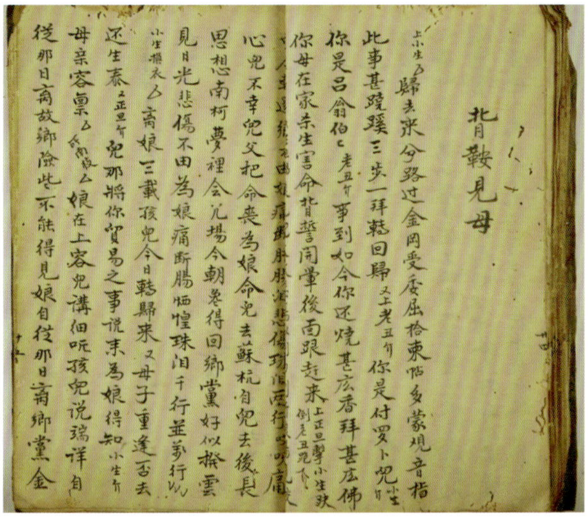

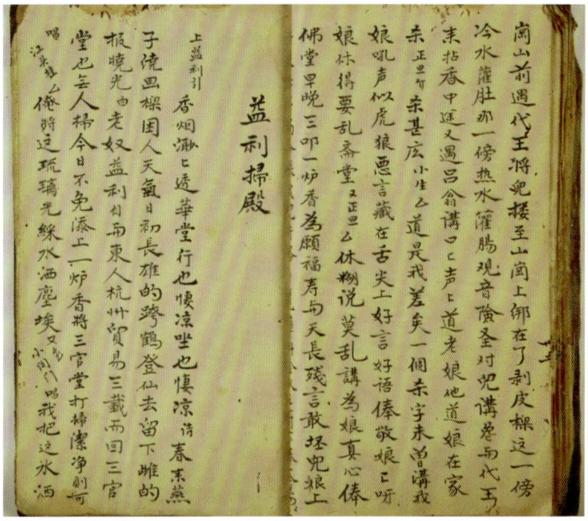

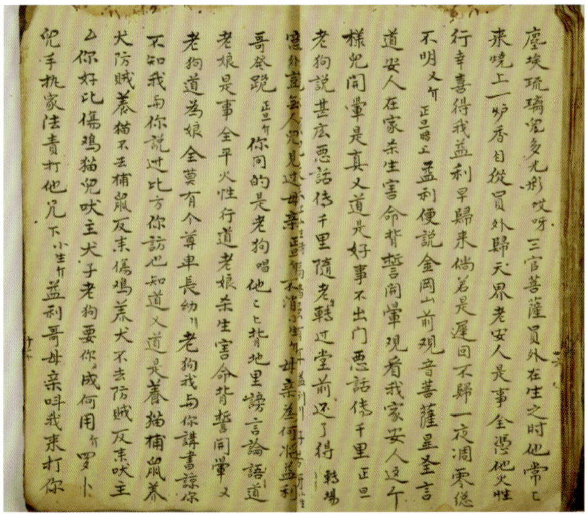

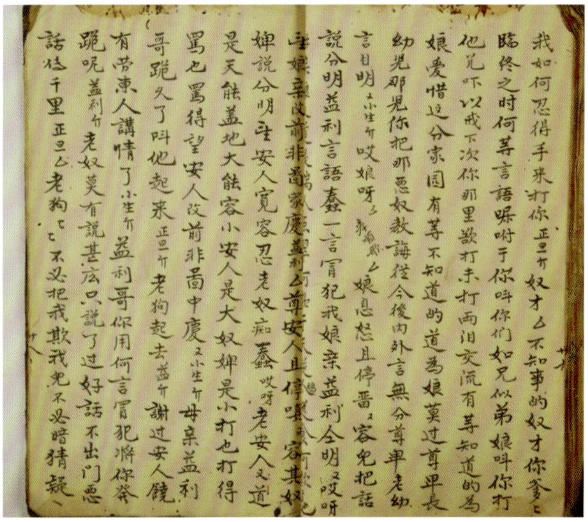

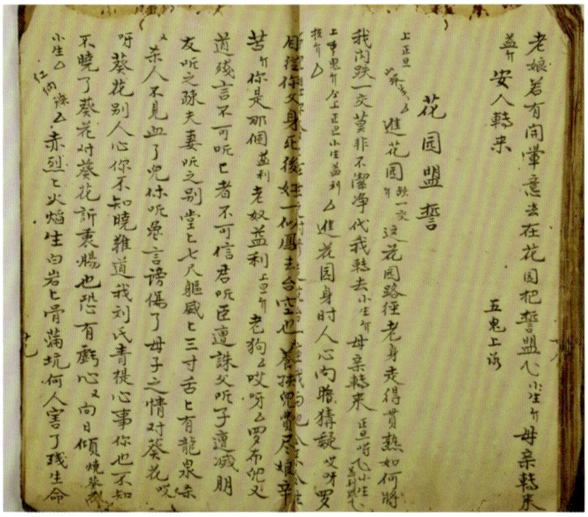

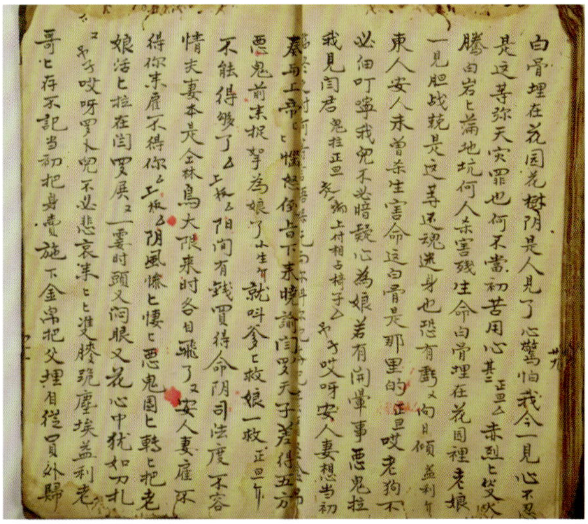

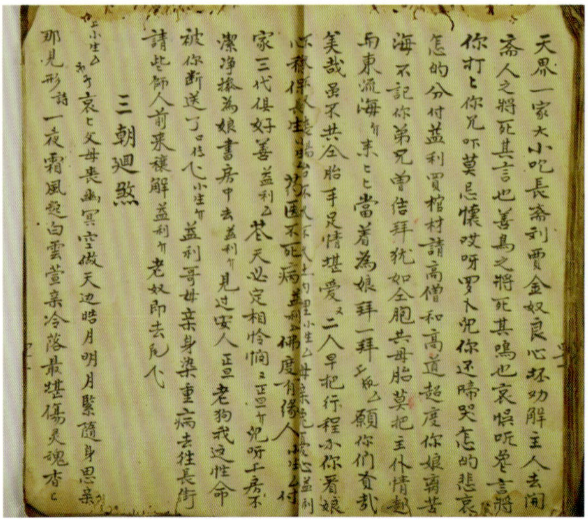

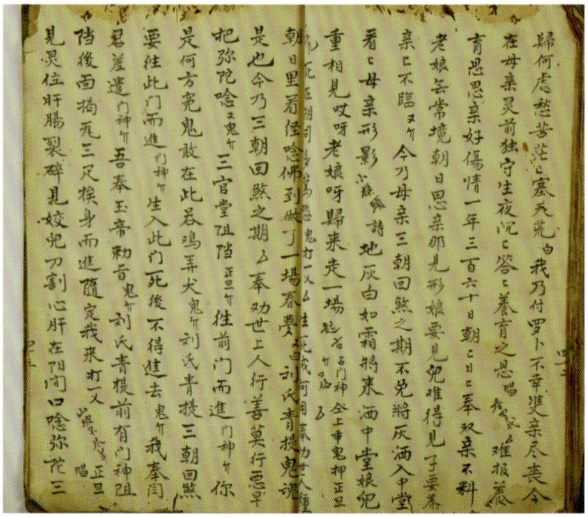

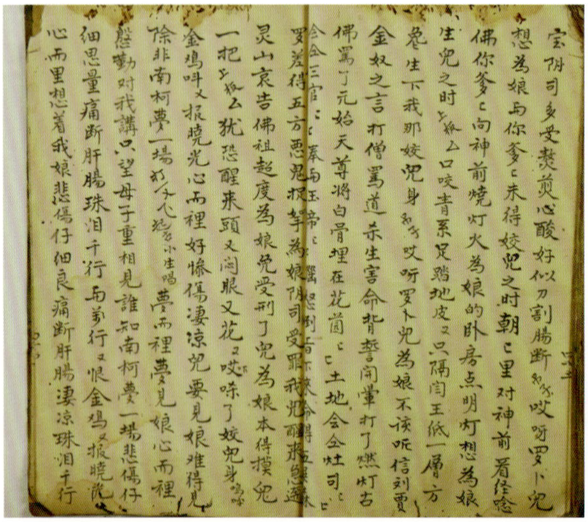

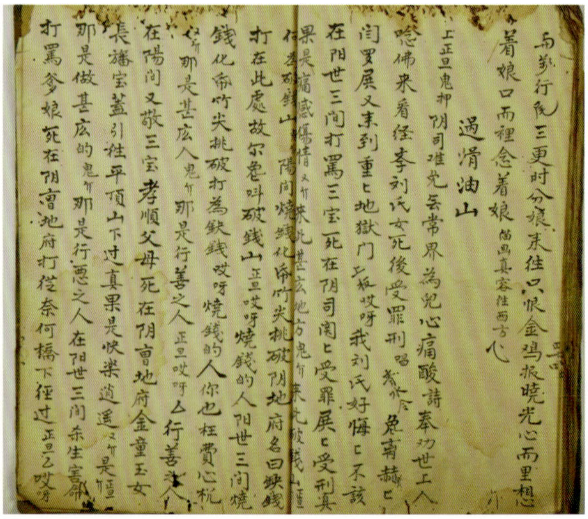

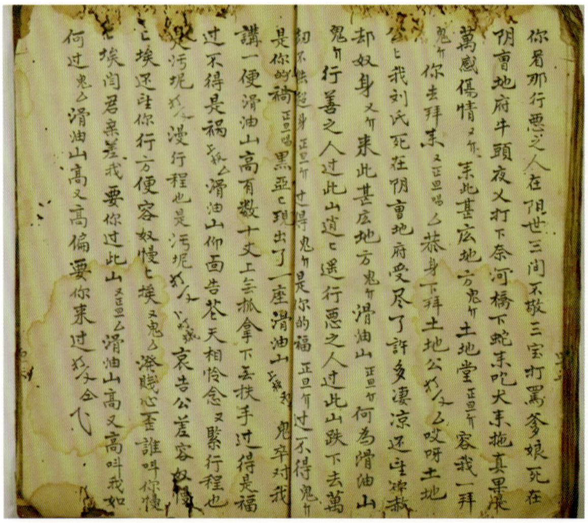

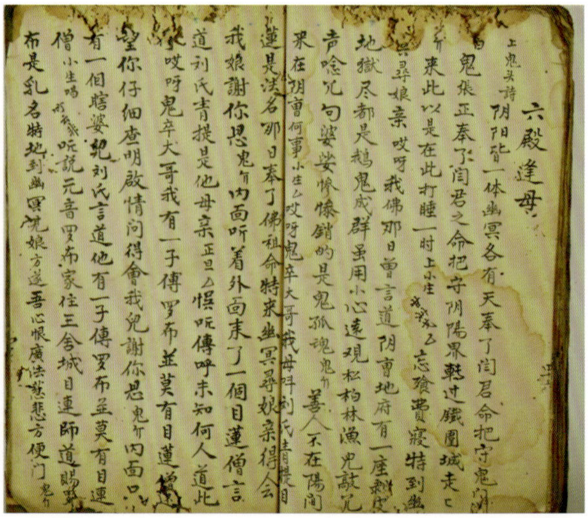

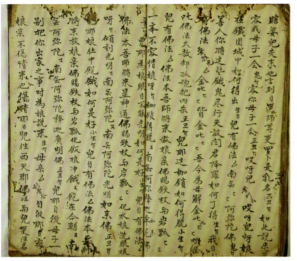
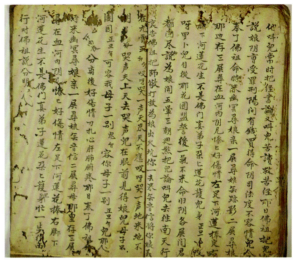

《游江南》

年代： 清代
尺寸： 高26.5厘米，宽16厘米
质地： 纸本

抄本。封面题名。凡42页，每页8行，每行26字左右。

取自乾隆皇帝下江南的民间故事，又名《西瓜宝》《大闹龙舟会》。乾隆偶得一梦，预言江南出了贤臣，遂出访探贤。途中先被强盗打劫，得义士刘小宝相救。后见客店店主之子西瓜宝聪明伶俐，遂收为义子。一日二人观看龙舟会，与当铺管账黄蜡丁发生冲突，乾隆被关进当铺土牢。西瓜宝探监，乾隆皇帝修书一封，嘱其上京求救。西瓜宝历尽艰难上京搬来救兵，救出乾隆，君臣同乐。

【图303】

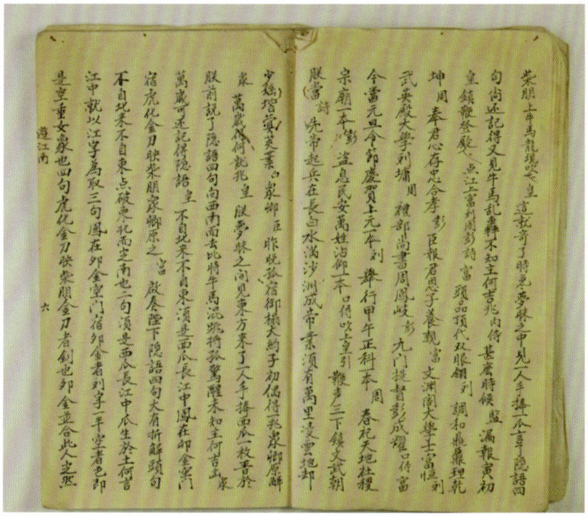
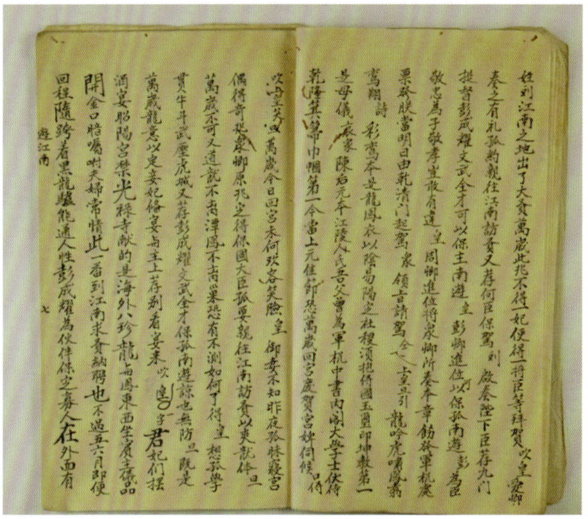
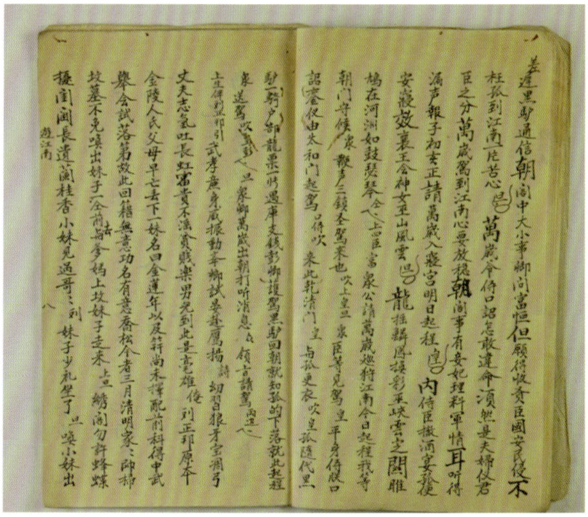
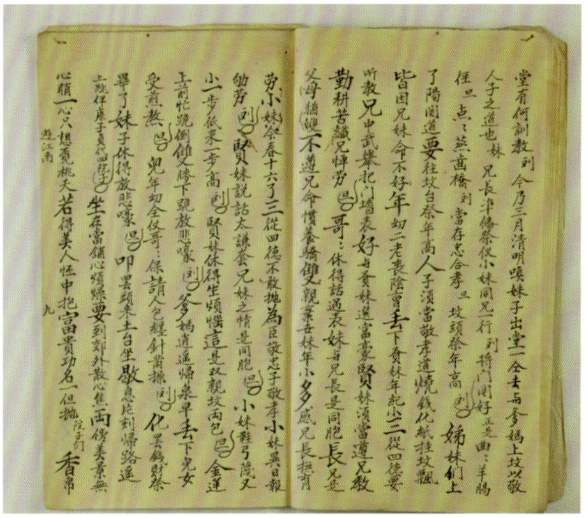
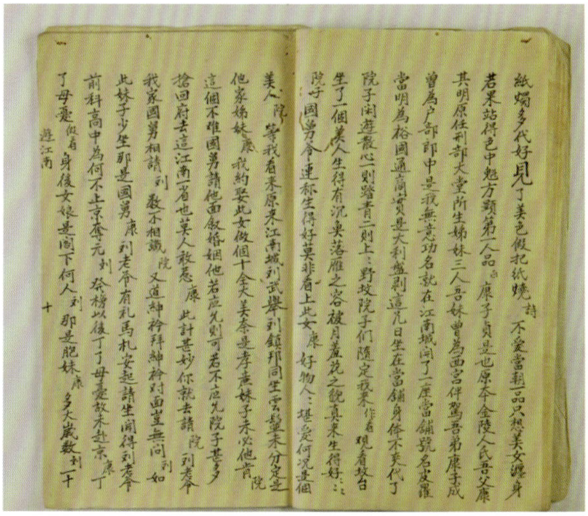
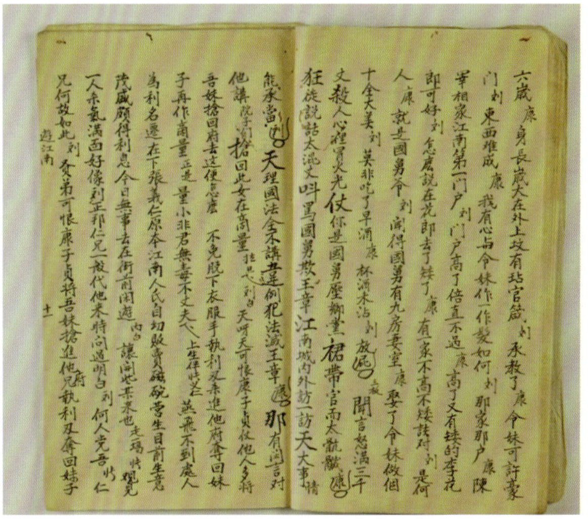

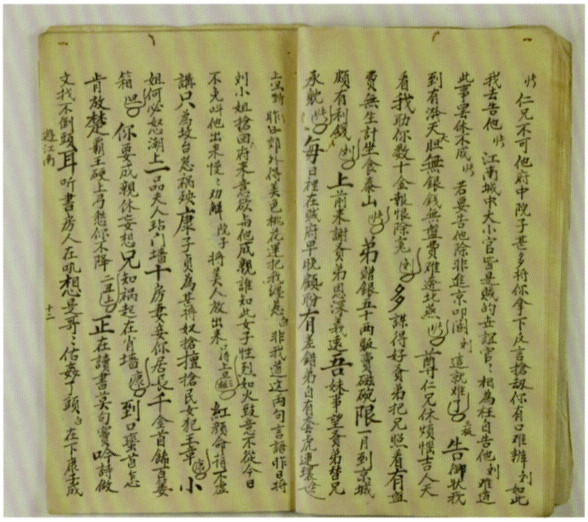

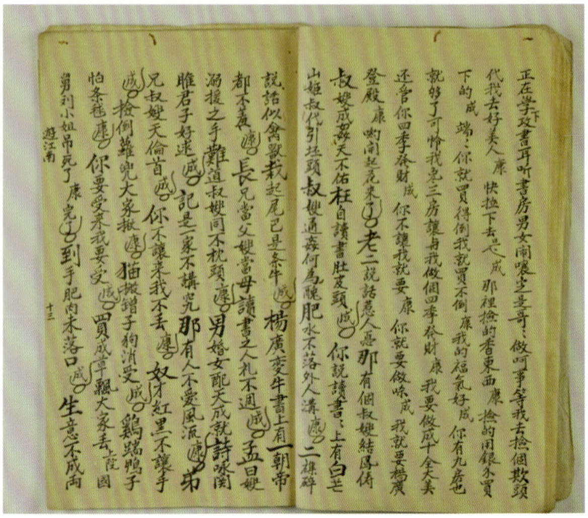

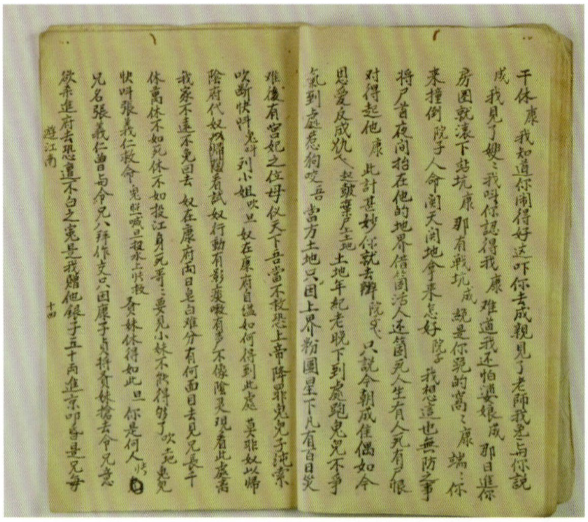

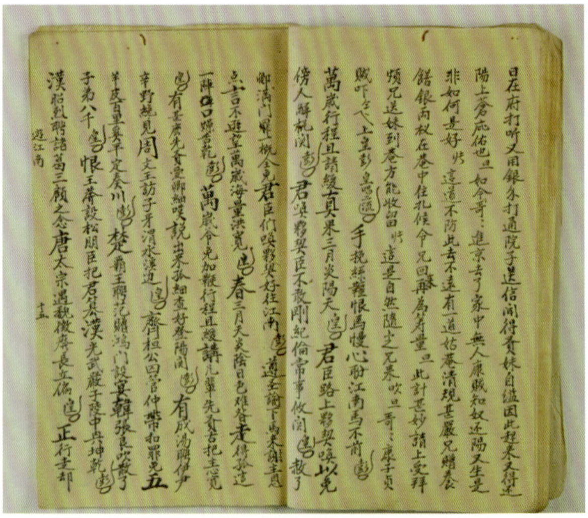

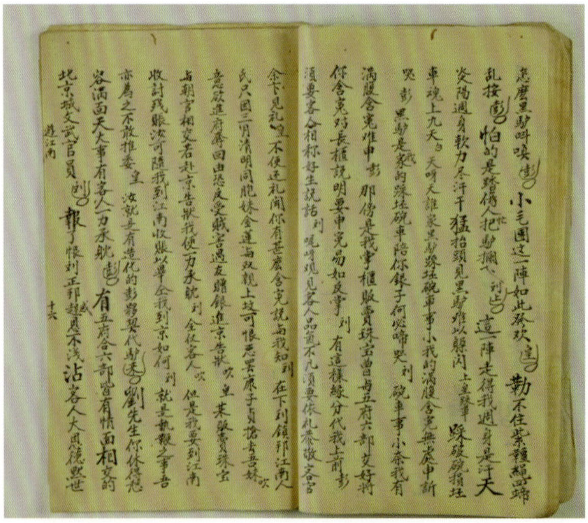

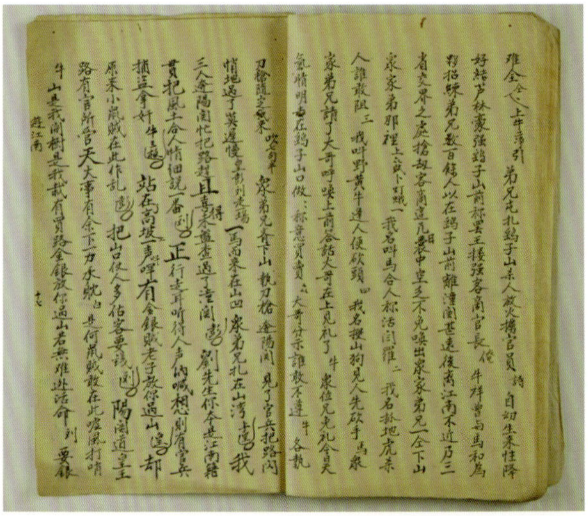

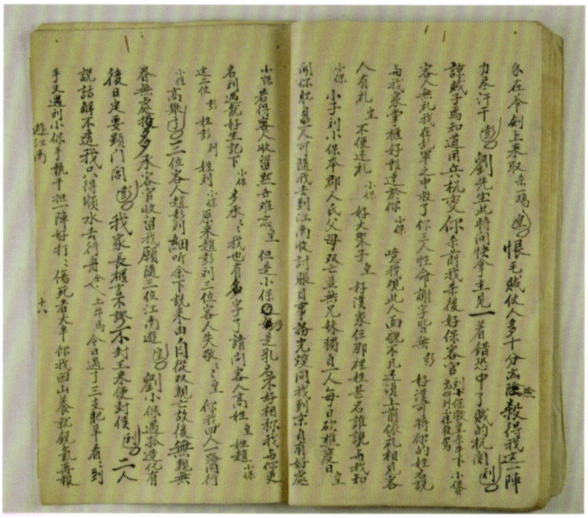

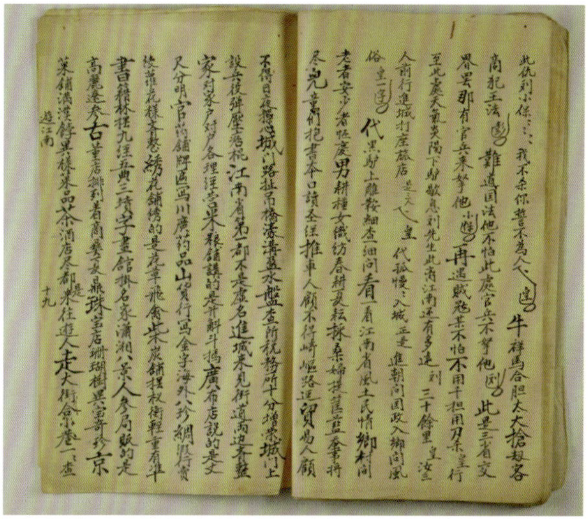

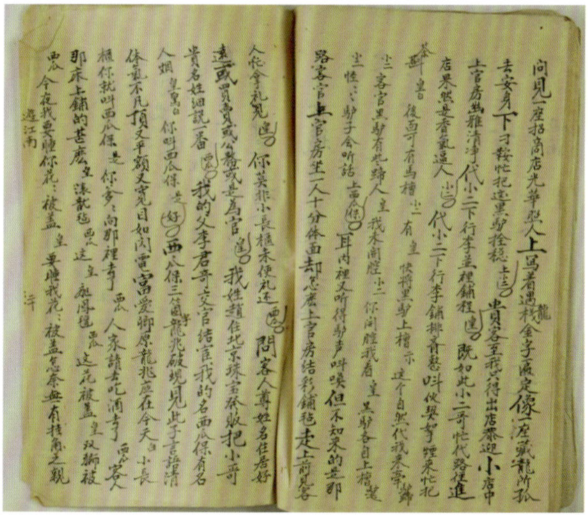

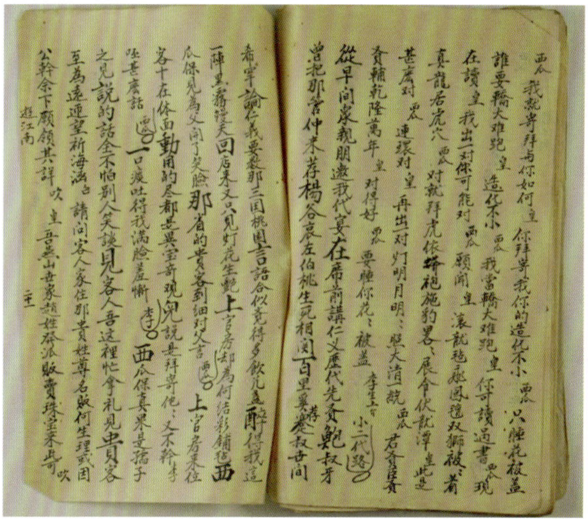

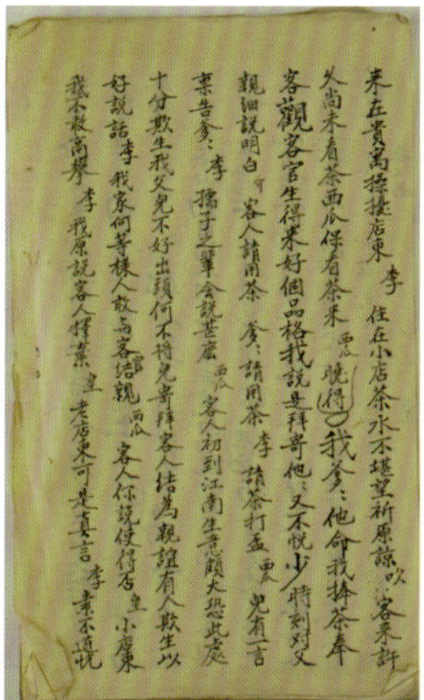

《描容》

年代： 清代

尺寸： 高23厘米，宽13.5厘米

质地： 纸本

抄本。款署"润身识"，钤印两方。凡17页，每页6行，每行17字左右。

又名《描容上路》，为经典名剧《琵琶记》一折。蔡公、蔡婆死后，赵五娘决定上京寻夫蔡伯喈。顾虑公婆无人侍候香火，遂描绘二老真容，随身携带。临行前，邻居张大公前来送行，赠五娘银两。五娘虑伯喈回归，遂将公婆遗嘱交与大公，并剪发一束，托其转交。

【图304】

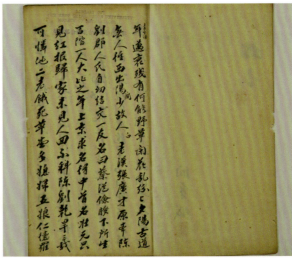

《情探活捉》

年代： 民国
尺寸： 高18.3厘米，宽11.2厘米
质地： 纸本

民国十七年（1928）石印改良本。凡14页，每页8行，每行20字左右。

《情探活捉》又名《活捉王魁》，是川剧著名折子戏，为《焚香记》中一折。焦桂英在海神庙自缢后，其鬼魂带着鬼差前去捉拿负义的王魁。桂英思及旧情，以情试探。王魁贪恋眼前富贵，再逼桂英，最终被活捉进鬼门关。此改良本原作者为清末民国时期四川大儒赵熙，因词曲清丽，婉转深沉，曲成后盛传一时。

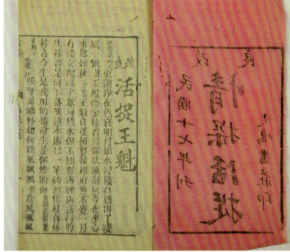

【图305】

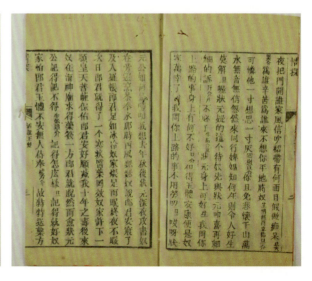

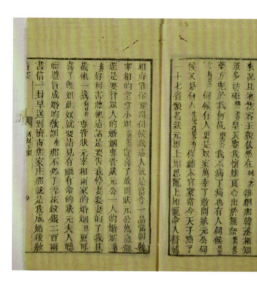

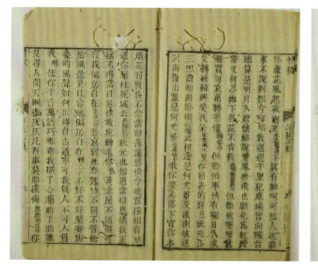
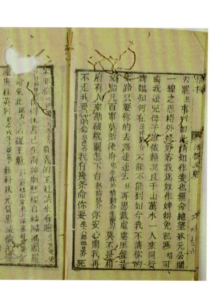
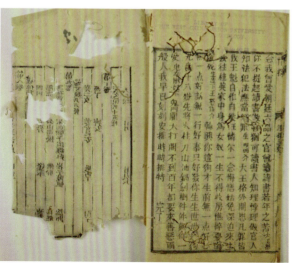

第九部分

工 具

　　成都话刻皮影又叫"錾灯影"，由于所用原料是远较驴皮厚硬的牛皮，雕刻更费功夫。刻皮影所用刀具包括平口刀、斜口刀和各类花样模口錾刀。为了刻出粗细不同的线，錾出大小不同的圆，錾具甚至多达一百余种，一般要请铁匠定制。刻皮影有很多诀窍，根据艺人的传统经验，在刻制线状的纹样时要用平刀去扎；在刻制直线条的纹样时用平刀去推；传统服饰袖头祆边的圆形花纹则需用錾刀去錾；一些曲折多变的花纹图样，则需用尖刀（斜角刀）刻制。艺人们有自己的雕刻口诀，如：樱花平刀扎，万字平刀推，袖头祆边錾刀上，花朵尖刀刻。作为艺术创作，在实际操作中，艺人们仍有很大的自由发挥的空间，往往一样的刀具刻一样的花纹图案，却可能造就不同的风格，刻出不同面貌的影人，这就全看雕刻艺人的巧妙布局，转换刀口的深浅层次，以及运用阴雕阳镂、阴阳交错、明暗相辅的独特匠心。

【图306】

刻影工具

年代：清代
尺寸：长10~12厘米
质地：铁、木

清末成都灯影戏班"春乐图"的部分工具。刀具包括宽窄不同的斜口刀、平刀、圆刀、三角刀（老婆脚刀）、花口刀等。

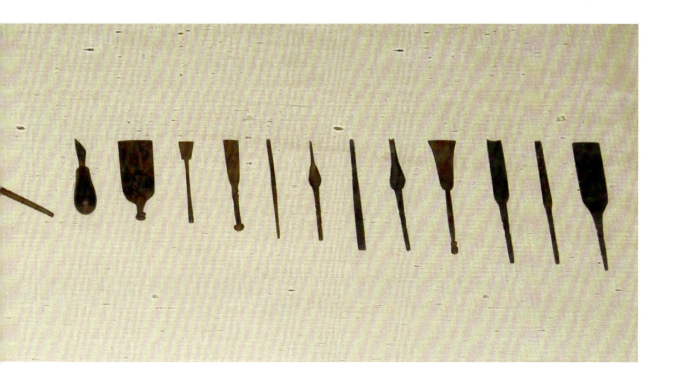

剧目场景

成都灯影剧目非常丰富,尤其擅长演出《三国》《水浒》《西游记》《东周列国》《封神演义》《聊斋》《说唐》《杨家将》等历史故事和神话传说故事。有的剧目直接来源于川剧,在采用川剧剧本时,艺人们可以照本搬用。有的独有剧目是传统戏曲所没有的,来源于艺人的口耳相传甚至即兴创作。过去的皮影艺人文化水平普遍不高,有的甚至并不识字,他们演出时甚至可以不看本子,全凭自己的记忆随口唱来。直到20世纪80年代末,在世的"春乐图"的提手、灯影老艺人陈继虞先生还能完整背诵200本左右的戏。

而近年来,由于传统皮影老艺人陆续年老谢世,加之后续者乏人,这些口传剧目已经逐渐失传。

王夫之《念奴娇·影戏影》词云:"笑啼俱假,但绰约风流,依稀还似。半壁粉墙低映月,卖弄佳人才子。情丝牵引,清光回照,漫道伤心死。猛然觑破,原来情薄一纸。"灯影戏流传近千年,发展到今天,这种古老的戏曲已经渐渐淡出了人们的视线,更多的只是以一件件沉默的艺术品的形式走进了博物馆,在寂静的展厅里供人们凭吊。这种独特的民间艺术,曾经以其奇特的影偶造型,优美的戏剧声腔,生动的方言道白,演绎过古往今来的攻战杀伐、爱恨情仇、离合兴亡,曾经深深地打动过万千中国人。它独有的艺术形式和风格魅力,应该长存于世。

四川大学博物馆藏品集萃

皮影卷

《钟馗嫁妹》

年代： 清代
尺寸： 高60厘米，宽268厘米
质地： 牛皮

成都小灯影中的精品，为民间传说《钟馗嫁妹》的故事。钟馗到阴间捉鬼以后，想到活在人世的妹妹钟兰英孤苦伶仃，就做主将妹妹嫁给了生前好友杜平。在这场戏中，钟馗摇着折扇，脚踏小鬼，横跨在四川常见的竹竿上。钟小妹身穿黑花褶子，大模大样地跨骑在驴背上。前面打旗的、背抬嫁妆的都是小鬼。钟馗打发妹妹出嫁的嫁妆有一个箱笼、一壶酒、一匣书和一柄剑。

【图307】

小鬼

钟兰英 钟兰英头茬

钟馗与小鬼

举旗开路的小鬼

扛着竹竿，提着灯笼的小鬼

钟馗

小鬼

钟兰英的坐骑——驴

抱着书匣的小鬼

小鬼抬嫁妆

背着酒壶的小鬼

年代：清代
尺寸：高38厘米，宽55厘米
质地：牛皮

　　成都皮影中的小皮影。在皮影剧《高老庄》中，孙悟空在艺人手下可以自由地"打变化"，一转身是妖娆的高小姐，一抹脸又是促狭的猴精，把妄想娶美娇娘的猪八戒好一通戏耍。

【图308】

高小姐（由孙悟空"打变化"而成）　　　　　　　　　　　　猪八戒

《古城会》

年代：清代
尺寸：高85厘米，宽80厘米
质地：牛皮

　　取自三国故事。刘、关、张于徐州战败离散，关羽保护甘、糜二夫人投奔曹操。后得知刘、张在河北古城，遂护送二夫人离曹寻兄，过五关，斩秦琪，抵达古城。张飞疑其有诈，不肯收留。适秦琪舅父蔡阳率兵追至，关羽奋力迎敌，斩蔡阳于古城郊外。张、关兄弟释疑，会于古城。此为成都灯影中的大灯影，系清代著名皮影雕刻家仲焕章的作品。

【图309】

年代：清代
尺寸：高120厘米，宽226厘米
质地：牛皮

　　《苦肉计》，又名《周瑜打黄盖》，取自三国故事。孙、刘联合抗曹，周瑜与黄盖定下苦肉计。群英会上，头戴翎子盔的周瑜英气勃发地跨坐在虎皮交椅上，扬手发令；白发白须的老将黄盖一脸桀骜，叉腰挺立；后面以老生应工的鲁肃急步上前意欲拦阻；诸葛亮则好整以暇地跷着"二郎腿"坐在太师椅上，神闲气定，摆手示意。

【图310】

《断桥》

年代： 清代
尺寸： 高154厘米，宽261厘米
质地： 牛皮

　　《白蛇传》中的"断桥"一折。许仙出走金山寺，白素贞寻夫至西湖断桥，得见许仙。小青怒许薄幸，举剑欲刺，白素贞挺身拦阻。幕布上方正中所挂为当年"春乐图"戏班的班牌，左右两侧对称悬挂着四盏宫灯，正是一百年前戏班开演时的光景。

【图311】

参考文献

1.江玉祥. 中国影戏.成都：四川人民出版社，1992.

2.江玉祥. 中国影戏与民俗. 台北：淑馨出版社，1999.

3.张冬菜. 中国影戏的演出形态. 郑州：大象出版社，2010.

4.郑劭荣. 中国影戏特征及其姊妹艺术. 郑州：大象出版社，2010.

5.李跃忠. 中国影戏与民俗. 郑州：大象出版社，2010.

6.孙建君. 中国民间皮影. 长沙：湖南美术出版社，2003.

7.魏力群. 中国皮影艺术史. 北京：文物出版社，2007.

8.刘庆丰. 皮影史料. 黑龙江省艺术研究所，1986.

9.江玉祥. 华大博物馆与皮影戏艺术. 四川文物，2004（4）.

10.郑德坤讲演，刘盛舆笔记. 五年来之华西大学博物馆. 华西大学博物馆1947年抽印丛刊，四川大学博物馆藏.

11.四川大学历史博物馆. 四川大学历史博物馆陈列室简介. 四川成都华西坝1954年12月1日抽印丛刊，四川大学博物馆藏.

12.四川省川剧艺术研究院，四川省川剧学校，四川省川剧院. 川剧剧目辞典. 成都：四川辞书出版社，1999.

13.周贻白. 中国戏剧史长编. 上海：上海书店出版社，2004.

四川大学博物馆藏品集萃

皮影卷